COLLECTION DE TEXTES

POUR SERVIR A L'ÉTUDE ET A L'ENSEIGNEMENT DE L'HISTOIRE

(8)

L'ORDONNANCE

CABOCHIENNE

(26-27 MAI 1413)

PUBLIÉE

AVEC UNE INTRODUCTION ET DES NOTES

PAR

ALFRED COVILLE

SCIENTIAE ET PATRIAE

PARIS

ALPHONSE PICARD, ÉDITEUR

Libraire des Archives nationales et de la Société de l'École des Chartes

82, RUE BONAPARTE, 82

1891

L'ORDONNANCE CABOCHIENNE

L 4ʃ
60

MACON, PROTAT FRÈRES, IMPRIMEURS

COLLECTION DE TEXTES

POUR SERVIR A L'ÉTUDE ET A L'ENSEIGNEMENT DE L'HISTOIRE

L'ORDONNANCE

CABOCHIENNE

(26-27 mai 1413)

PUBLIÉE

AVEC UNE INTRODUCTION ET DES NOTES

PAR

ALFRED COVILLE

Docteur ès-lettres, Archiviste-Paléographe, Maître de conférences
à la Faculté des lettres de Caen.

PARIS

ALPHONSE PICARD, ÉDITEUR

Libraire des Archives nationales et de la Société de l'École des Chartes

82 Rue Bonaparte, 82

1891

INTRODUCTION

I. — ORIGINE DE L'ORDONNANCE.

L'Ordonnance dite *Cabochienne* a été publiée les 26 et 27 mai 1413, au milieu de la lutte entre les Armagnacs et les Bourguignons, à un des moments les plus troublés du règne de Charles VI.

Elle fut préparée par les Etats généraux de Langue d'Oïl, de janvier-février 1413, tenus après la paix d'Auxerre (22 août 1412). A la première séance (30 janvier), Jean de Nielles, chancelier de Guyenne, avait réclamé au nom du roi « confort, aide et secours ». Les Etats délibérèrent pendant trois jours [1]. Nous possédons une sorte de compte-rendu analytique des « propos » ou réponses faites à la séance solennelle du 3 février par l'évêque de Tournay, pour la province de Reims, par l'évêque d'Evreux, pour la province de Rouen, enfin par l'abbé de Moutiers-Saint-Jean, pour la province de Lyon. C'est la préface de l'Ordonnance Cabochienne [2].

---

1. Rel. de Saint-Denis, *Chronique de Charles VI*, IV, 736.
2. *Bibl. de l'École des Chartes*, 2ᵉ série, II (1844). 281.

Six jours après, le 9 févier, à l'Hôtel Saint-Pol, maître Benoit Gention, de l'abbaye de Saint-Denis, parla au nom de l'Université et de la ville de Paris. Son discours, emphatique et vague, fut fort mal accueilli et jugé insuffisant[1]. Impatientes de réparer cet échec, l'Université et la ville de Paris obtinrent, le 13 février, une nouvelle audience à Saint-Pol. Le carme Eustache de Pavilly y parla en faveur des réformes. Puis un maître ès arts lut un long rouleau, « gros comme le bras d'un homme, » rempli de doléances et de requêtes. Le résumé nous en a été laissé par Monstrelet (ch. 99), et par le Religieux de Saint-Denis (l. XXXVIII, ch. 31[2]). Les requérants demandèrent en terminant l'institution d'une grande commission chargée de redresser leurs griefs :

« Vostre fille et vos subjectz devantdiz vous supplient tant humblement que faire se peut... que vous vueillez ordonner aucunes personnes de vostre sang avec autres bonnes personnes... qui puissent réformer tous ceulx qui ont délinqué, de quelconque estat qu'ilz soient. *Item* qu'il vous plaise commander aux bourgeois et prélas des provinces cy estans qu'ilz nomment tous ceulx de leurs provinces qui ont commis aucune deffaulte ès choses dessus dictes[3] ».

De là est sortie l'Ordonnance Cabochienne. En effet, peu de jours après, le roi désigna un certain

---

1. Rel. de Saint-Denis, IV, 740.
2. Monstrelet, *Chronique*, éd. Douët d'Arcq, II, 307. — Rel. de Saint-Denis, IV, 742.
3. Monstrelet, II, 330.

nombre de commissaires qui devaient entreprendre le grand travail de réformation demandé par les États. C'étaient : l'évêque de Tournay, orateur de la province de Reims, l'abbé de Moutier-Saint-Jean, orateur de la province de Lyon, les sires d'Offemont, de Moy et de Blaru, le vidame d'Amiens, l'aumônier du roi, Jean Courtecuisse, docteur en théologie, maîtres Gaillard Petit-Sayne et Jean de Longueil, du Parlement, maître Pierre Cauchon, de l'Université, et Jean de l'Olive, échevin de Paris.

Nous n'avons presque aucune indication sur la vie intérieure de cette commission. Jouvenel des Ursins rapporte seulement les détails suivants : « Et afin que parmy le royaume, on cuidast que ce qu'on faisoit estoit pour le bien du royaume, ceux du conseil des dessusdiz firent chercher et quérir ès Chambre des comptes et du trésor, et au Chastellet toutes les ordonnances royaux anciennes, et sur icelles en formèrent de longues et prolixes où il y avoit de bonnes et notables choses prises sur les anciennes[1]. »

Tandis que les commissaires poursuivaient laborieusement leur œuvre, Paris était troublé, dominé par les Bouchers, Écorcheurs et Cabochiens, chefs du parti populaire et bourguignon. Depuis la fin d'avril, les émeutes se succédaient presque chaque jour. C'est au surlendemain (24 mai) de la journée la plus agitée que, pour racheter leurs excès et donner un prétexte sérieux à leur domination violente, les Cabochiens, introduits devant le roi et son conseil,

---

1. Jouvenel des Ursins, *Histoire de Charles VI*, édit. Buchon, 479.

demandèrent par la voix du chirurgien et échevin
Jean de Troyes la promulgation des ordonnances pré-
parées en silence[1].

On obéit. Deux jours après, le 26 mai, le roi vint en
la Grand'chambre du Parlement. Les ordonnances
furent lues à haute voix par maître Pierre de Fresnes,
greffier du Chatelet, « qui avoit un moult bel langage
et haut. » Une heure après midi, la lecture fut sus-
pendue à la fin du chapitre des monnaies. Le lendemain, le roi revint au Parlement : restaient
163 articles qui furent lus de la même manière. Pour
en finir avec cette lecture, il y eut séance le matin et
séance dans l'après-midi, après dîner[2].

En outre, l'Université et les Parisiens pensèrent
que la solennité du lit de justice ne suffisait pas pour
assurer le respect des réformes proclamées. Le lundi
29 mai, il y eut une nouvelle cérémonie : l'Université,
le prévôt des marchands, les échevins, un grand
nombre de bourgeois vinrent trouver le roi à Saint-
Pol. La parole fut donnée au savant docteur Jean
Courtecuisse, membre de la commission des réformes.
Le but du discours fut d'engager le roi à maintenir
inviolablement les ordonnances qu'il venait de rendre. Le texte français de cette proposition a été heu-
reusement conservé dans l'*Historia Universitatis
Parisiensis*, de Du Boulay, qui l'attribue à tort à
l'année 1403[3].

---

1. Rel. de Saint-Denis, V, 46.
2. Appendice, 1.
3. *Historia Universitatis Parisiensis*, V, 83.

Les Cabochiens avaient fait promulger l'Ordonnance, ils étaient incapables d'en assurer l'exécution. Nous n'avons, du reste, que peu de renseignements sur les efforts qui furent faits au lendemain du lit de justice. Des lettres du 7 juin prescrivirent la fabrication des nouvelles espèces de monnaies (art. 92) dans douze Hôtels des monnaies du royaume[1]. D'autres lettres du 7 juin ordonnent au bailli d'Amiens de réunir les assemblées locales instituées par l'ordonnance pour présenter les candidats à la garde des prévôtés[2].

Tandis que ces modestes tentatives avaient lieu, la domination des Cabochiens menaçait ruine. Le roi, ayant recouvré la santé, fit négocier et conclure à Pontoise, malgré les colères des Bouchers, une paix nouvelle avec les Armagnacs devenus redoutables hors Paris. Le 4 août, les Cabochiens furent vaincus dans la ville même et dispersés. Alors commença une réaction complète. Le 1er septembre, le duc d'Orléans, le roi de Sicile, le duc de Bourbon, etc., firent une entrée triomphale. Le mardi 5 septembre, un nouveau lit de justice fut tenu au Parlement. C'est dans ce lit de justice que l'Ordonnance termina sa courte existence; c'est là qu'elle fut « cassée, annulée, révoquée, abolie et du tout mise au néant[3] ». Le Religieux de Saint-Denis nous a raconté l'impression de tristesse et de pitié que lui fit cette scène[4].

1. Ordon. X, 150.
2. A. Coville, *les Cabochiens et l'Ordonnance* de 1413, p. 438.
3. Appendice III.
4. Rel. de Saint-Denis, V, 152. — Voir pour toute cette histoire : A. Coville, *les Cabochiens et l'Ordonnance* de 1413, Paris, 1888, in-8.

II. — LES MANUSCRITS DE L'ORDONNANCE.

Que devint le texte de l'Ordonnance dans la suite des temps ? Il a survécu à tous les orages. Bien que cet acte semble n'avoir exercé, pour ainsi dire, aucune influence visible sur la législation postérieure, les exemplaires qui en restaient après la lacération publicque ne demeurèrent pas complètement inconnus. A la fin d'extraits insérés dans le ms. 4641 B du fonds latin de la Bibliothèque nationale, f° 58 v°, on trouve l'indication suivante : « *Collatio presentis copie clausule suprascripte, extracte a quibusdam ordinacionibus regiis publicatis in camera Parlamenti XXVII die maii, anno Domini millesimo CCCCXIII, facta fuit Parisius in eadem camera cum originali dictarum ordinacionum penes Curie... ad requestam Johannis de Lintellis, servientis equitis domini nostri Regis in Castelleto Parisiensi, die novembris, anno Domini millesimo CCCCXXXI. Clemens.* » Plus loin au f° 118 v°, autre mention du même genre : « *Toutes ces ordonnances tant Cabochiennes que autres sont enregistrées en la Chambre des aides à Paris....* » L'ordonnance de 1413 était donc conservée à la fois au Parlement et à la Chambre des aides. Que sont devenus ces manuscrits ? Quels rapports ont-ils avec ceux que nous avons pu rencontrer ? Il est impossible de le préciser.

Deux manuscrits de l'Ordonnance se trouvent aujourd'hui à la Bibliothèque nationale :

A. *Fonds français*, *5273* (Cat. Dupuy n° 1035, Bibl. du Roy n° 9825, in-4°, 144 ff., parchemin, reliure maroquin rouge xvii° siècle. — Ce ms. renferme :

F° 1, table des rubriques de l'Ordonnance Cabochienne ;

F° 15, fragment du procès-verbal des États-Généraux du 15 octobre 1356, depuis : « Les aucunes toutes destruites et les autres trop durement dommaigées. Et se sa délivrance... » (art. 12), jusqu'à la fin.

F° 23, *Ordonnance Cabochienne* ; elle occupe tout le reste du volume.

On lit sur la première garde : « *Bloys. — Des histoyres et livres en françois, pulpito 3°, soubz la muraille de devers la court.* » Et au dessous, d'une écriture plus récente : « *Ordonnances faictes par le R. Charles VI°.* » Ce ms. a donc appartenu à la magnifique librairie du château de Blois, à la maison d'Orléans ennemie des Cabochiens. Cependant aucun des catalogues publiés de la librairie de Blois ne nous signale l'existence de ce texte. — Sous l'*Explicit*, deux signatures contemporaines « *Des Gardens. Rysle* ». — A la fin du xvi° siècle, sans doute, le ms. passa entre les mains d'un nommé Barthélemy Dupré, qui a écrit au verso du dernier feuillet de parchemin : « *Le présent livre est à Barthélemy Dupré, qui le trouvera, s'il lui rende et le payra.* »

L'écriture du ms. permet d'en attribuer la rédaction à la première moitié ou au milieu du xv° siècle.

Il y a quelques différences notables avec le texte publié dans les *Ordonnances des rois de France* :

1° chaque article est précédé d'une rubrique ; — 2° le numérotage est fait par chapitre et non sur l'ensemble du texte ; — 3° il y a un titre de chapitre de plus, ainsi conçu : « *De l'ostel du Roy* ; » — 4° les articles 82 sur le châtelain de Gisors et 217 sur les offices royaux manquent dans le ms. ; — 5° enfin les articles 91 et 92 sont réunis sous la même rubrique. Le total est de 256 articles au lieu de 258 ou plus exactement 259, le numéro 182 étant répété par erreur dans l'imprimé.

Le texte, sans être irréprochable, est souvent meilleur et surtout plus complet que celui qui a été reproduit jusqu'à ce jour dans les diverses éditions.

B. — *Dupuy, 231,* ff. 43-80, écriture de la fin du xvi° siècle.

Le titre porte : « *Ordonnances royaulx, appellées Cabochiennes, 1413, 25, 26 et 27 may. Elles ne sont enregistrées au Parlement. V. Font[anon], fol. 1312, seqq. tome IV, ult. édit. Enguerrand de Monstrelet, c. 99.* » Plus bas on trouve encore les indications suivantes, écrites d'une autre main : « *Au livre de la Bibliothèque du Roy, Gallerie, ms. n° 1035, il y a ce tiltre : Ordonnances faites par le Roy de France Charles VI tenant son lict de justice en son grand Parlement, à Paris, au mois de mai l'an 1412.* » Le ms. de la Bibliothèque du roi indiqué dans cette citation n'est autre que le ms. précédent.

Au bas du f° 80, on trouve encore la mention suivante : « *Publiées en la court de Parlement, en présence du Roy nostre Sire, tenant le lict de justice, les XXV, XXVI et XXVII° jours de may mil CCCC et*

XIII. — Au livre duquel ceste-cy a esté transcript, il y avoit escript : « Copia ista fuit facta super quodam libro quem mihi accommodavit (?) Magister Johannes Brunat, regius consiliarius et sibi reddidi. »

Le total des articles est de 258, le dernier ne portant pas de numéro. C'est une copie faite sur le texte qui a servi à l'édition de 1588.

C. Pour épuiser la série des mss. retrouvés à la Bibliothèque nationale, il faut citer encore quelques extraits insérés dans des recueils d'ordonnances, de règlements ou d'arrêts du Parlement. Tels sont ceux qui sont copiés dans le vol. 58, 2° *Armoire de Baluze*, page 61 : ce sont les articles 31, 43, 44, 45, 46, 47. On peut attribuer un plus grand intérêt à certains passages du ms. *4641, B. fonds latin.* Au f° 58 v° se trouvent les dispositions de l'Ordonnance Cabochienne sur la juridiction des gens des comptes et l'appel de leurs sentences ; — aux ff. 115-119, est un second extrait plus long, suivi d'un résumé très bref et très imparfait; le tout répond aux articles 1, 2, 3, 4, 5, 6, 7, 8 9, 11, 12, 13, 14, 15, 16, 17, 18, 85, 86, 87, 89, 96, ʼ :06, 113, 117, 126, 129, 131.

III. — LES ÉDITIONS.

1° La plus ancienne édition date de 1588. Elle a pour titre : « *Les plaintes et doléances des Estats de France au roy Charles sisiesme par l'Université de Paris, extraictes du 99ᵉ chapitre d'Enguerrand de Monstrelet — avec les Ordonnances sur ce faictes, non encore imprimées — avec une table. — A Paris, chez*

Guillaume Bichon, rue Saint-Jacques, à l'enseigne du Bichot. MDLXXXVIII, avec privilège du Roy. »

Cette plaquette contient donc le résumé de la requête du 13 février 1413, d'après Monstrelet, une table des articles de l'Ordonnance Cabochienne, enfin le texte de l'Ordonnance. C'est le texte qui a servi de point de départ aux éditions postérieures ; il est différent de celui que représente le manuscrit A. Le titre « *De l'ostel du roy* » ne s'y trouve pas. Il y a déjà deux articles portant le numéro 182.

2° L'Ordonnance fut ensuite insérée dans le recueil de Fontanon, intitulé : « *Les édicts et ordonnances des rois de France, traittant de la police sacrée et discipline ecclésiastique, réduits en leur vray ordre,* par Ant. FONTANON, advocat en Parlement, reveuz et augmentez..... par Gabriel MICHEL, angevin, advocat au Parlement et au conseil privé du Roy, tome IV, Paris, 1611, in-f°. » — Elle fait partie de l'Appendice ou *Addition de plusieurs ordonnances tant anciennes que modernes*, p. 1307. Il y a plusieurs inadvertances dans la numérotation ; on ne trouve pas d'article 17, les numéros 154 et 182 sont répétés par erreur. Le total est de 258 articles. Le texte est donné d'après la précédente édition.

3° *Ordonnances des rois de France de la troisième race, depuis Hugues Capet, etc....*, t. X, p. 80 (1763, in-f°). Le texte reproduit celui de 1588 et indique, en marge, quelques variantes empruntées à Fontanon et quelques corrections. Le titre : « *De l'ostel du roy* » n'y existe pas ; — le titre « *de la justice* » est répété en tête des deux articles 166 et 197. Le double numérotage 182 a été conservé, ce qui donne un total inexact de 258 articles au lieu de 259. Les notes des pages 70 et 140 citent les extraits des registres du Conseil au Parlement sur la promulgation et la lacération de l'Ordonnance.

4° *Recueil général des anciennes lois françaises,* par ISAMBERT, etc., t. VIII, p. 283 (Paris, 1824, in-8°). C'est le texte même des ordonnances fidèlement reproduit, avec suppression des articles 22-43, 49-84, 92-93.

IV. — LA PRÉSENTE ÉDITION.

Le texte que nous donnons est celui du *manuscrit 5273* du fonds français de la Bibliothèque nationale. C'est en général le plus correct. Mais comme il présente quelques lacunes, il a été en plusieurs endroits complété à l'aide de l'*édition de 1588*, reproduite exactement dans les *Ordonnances*. Toutes les fois, en effet, que la version imprimée nous a semblé plus satisfaisante, nous n'avons pas hésité à l'accepter. Les additions et corrections sont signalées dans les notes; nous y désignons le manuscrit 5273 par la lettre A, l'édition des *Ordonnances* par O. Quelques rares variantes empruntées à l'édition Fontanon sont précédées de la lettre F.

Le numérotage des articles a été rectifié par la réunion des n°° 91 et 92 du texte des *Ordonnances* et par la suppression du 185 *bis*[1].

---

1. Dans notre étude sur *les Cabochiens et l'ordonnance de* 1413, les renvois sont faits d'après les n°° du texte des *Ordonnances*.

Les sommaires placés en tête des articles dans le ms. A, qui n'ont sans doute pas figuré sur les exemplaires originaux, ont été conservés ; ils sont en général exacts et précis et facilitent considérablement les recherches.

En dehors des remarques de texte, l'annotation peut présenter un intérêt particulier. Il s'en faut que l'ordonnance soit une œuvre entièrement originale. Dans bien des cas, les membres de la commission se contentèrent de reproduire les prescriptions qu'ils trouvèrent dans les ordonnances du temps passé. Aussi un grand nombre d'articles n'est-il que le renouvellement, en totalité ou en partie, de textes antérieurs. Toutes les fois que nous avons pu reconnaître un emprunt littéral, nous l'avons indiqué par une note en *italique*.

D'autres articles, sans emprunter la lettre même aux ordonnances précédentes, contiennent des dispositions déjà connues dans le droit public du royaume. Nous avons encore signalé en note ces analogies, mais à l'aide de caractères *ordinaires*. Ainsi, grâce à cet essai, sans doute incomplet, sur les sources de l'Ordonnance Cabochienne, on pourra faire, avec plus de précision, dans l'œuvre des hommes de 1413, la part du passé et celle du présent.

L'appendice réunit trois documents qui peuvent servir à illustrer l'histoire même de l'Ordonnance.

ORDONNANCES

FAICTES

PAR LE ROY DE FRANCE CHARLES VIe

TENANT SON LIT DE JUSTICE EN SON GRANT PARLEMENT A PARIS,
OU MOYS DE MAY L'AN MIL CCCC ET TREIZE[1].

Le narratif contenant les causes et mocions pourquoy ledit Roy fait lesdictes Ordonnances. — CHARLES, par la grâce de Dieu Roy de France, à tous ceulx qui ces présentes lettres verront, salut. Comme puis nagaires nous eussions mandé et[2] fait venir par devers nous en nostre bonne ville de Paris pluseurs prélaz, chevaliers, escuiers, bourgois de noz citez et bonnes villes et autres notables personnes[3] noz bons subgiez, et à eulx fait exposer en nostre présence les grans affaires et charges que nous avons eu à supporter depuis aucun temps en ça, si comme encores avons de présent, tant pour occasion des discors, débaz et divisions qui longuement ont esté en nostre royaume, pour lesquelles appaiser, avons par la grâce de Nostre Sire[4] mis peine, remède

---

1. A. donne par erreur : « douze. » Les *Ordonnances* (X, 70, note *a*) disent à propos de l'édition de 1588 : « La date du jour où les lettres ont été données n'est point dans ce livre, » ce qui est inexact, et ajoutent : « mais Blanchard dans sa *Table Chronologique* la fixe au 25 mai 1413. » — On lit dans l'édition de 1588, f° 21 v° : « *Table des chapitres et articles du livre des ordonnances royaux publiées en la cour de Parlement en présence du Roy nostre sire tenant le lit de justice ès XXV, XXVI et XXVIIe jours de may MCCCC et XIII.* » — Les mêmes indications se trouvent dans Fontanon, à la fin du texte de l'ordonnance. — La date exacte du lit de justice est 26-27 mai 1413, voir : A. Coville, *les Cabochiens et l'ordonnance de 1413*, p. 209-10.

2. « mandé et » n'est pas dans A.

3. O. « personnages ».

4. O. « Seigneur ».

et provision convenable, comme pour ce que noz ennemis
et adversaires d'Angleterre[1], en très grant nombre de gens
d'armes et de trait[2], estoient descenduz et entrez en pluseurs
et diverses parties de nostre dit royaume, et desja avoient
prins par force et autrement pluseurs noz chateaulx, villes
et forteresces, en eulx efforçant de jour en jour de faire pis
et de conquester pays sur nous; et sur ce nous, qui avons
désir et affeccion très singulière de pourveoir et remédier
aux inconvéniens éminens qui estoient disposez d'en ensuir
ou préjudice de nous et de nostre bon peuple, et de employer
en ce nostre personne, noz amis et toute nostre chevance,
eussions requis lesdiz prélaz, chevaliers, escuiers, bourgois
et mesmement notre très chière[3] et très amée fille l'Université de Paris, et autres assemblez par devers nous, que
sur les choses dessusdictes nous baillassent leurs bons advis,
confort et aide, lesquelx nous eussent fait response sur les
choses dessusdictes; et entre les autres notredicte fille
l'Université et noz bons, vraiz et loyaulx subgiez, le prévost
des marchans, eschevins et bourgois et autres manans et
habitans de nostre bonne ville de Paris, nous eussent présenté certain roole en parchemin, que nous eussions fait
lire publiquement en nostre présence, où pluseurs de ceulx
de nostre sang et lignaige, de nostre grant conseil, desdiz
prélaz, chevaliers et escuiers, bourgois et autres subgiez de
tous estaz en très grant nombre estoient, par lequel roole ilz
nous advertissoient de pluseurs grans abus, maulx et
inconvéniens qui estoient et sont advenus en nostre
royaume, en pluseurs estaz et diverses manières par le
grant et excessif nombre et petit gouvernement de pluseurs
noz officiers et autres, qui ont eu l'administracion et gouvernement, tant du fait des finances de nostre demaine, des
aides ordonnez pour la guerre, comme du fait de nostre
justice et autres choses touchans le gouvernement et
administracion de la chose publique, ou préjudice et irrépa-

---

1. A donne « et désobéissans », O. « d'Angleterre », qui semble préférable
2. « Et de trait » n'est pas dans A.
3. « Très chière » n'est pas dans A.

rable dommaige de nous, grant énervement et dissipacion
de toutes noz finances, excessive diminucion de nostre
demaine, lézion et contempt de nostre justice, griefve op-
pression et vexacion de nostredit peuple; nous advertissoient
aussi de pluseurs remèdes par lesquelz l'en pourroit pourveoir
aux maulx et inconvéniens dessusdiz, si comme ces choses
et autres estoient et sont plus à plain contenues et déclairées
oudit roole, en nous suppliant très humblement que sur
lesdiz abuz, maulx et inconvéniens et toutes autres choses
touchans le bien et honneur de nous et de nostredit royaume,
voulsissions pourveoir de bon et brief remède à l'onneur
et utilité de nous et de nostredit royaume, — savoir faisons
que nous, eue consideracion aux choses par eulx baillées et
proposées, désirans de tout nostre cuer y mettre bonnes
provisions et convenables remèdes, afin que doresenavant
lesdiz abuz et inconvéniens cessent du tout en tout, et que
les faiz de la chose publique de nostredit royaume, tant au
regart de toutes nosdictes finances et de nostredicte justice
comme autrement, soient remis en bon estat et deuement
gouvernées au bien de nous et de nostredit peuple, avons
pour ce fait assembler par pluseurs foiz, tant en la présence
de nous comme de nostre très chiére et très amée compaigne
la Royne, de nostre très chier [1] et très amé ainsné fils le duc
de Guienne, daulphin de Viennois [2] et autrement à part
pluseurs de nostre sang et lignaige et autres de nostre grant
conseil en très grant nombre et, par grant et meure délibéracion de conseil, avons derrenièrement commis et ordonnez
certains notables et saiges preudommes de grant littérature [3]
et expérience, c'est assavoir prélaz, chevaliers, docteurs et
autres noz conseilliers, lesquelz par pluseurs journées y
ont diligemment vacqué et entendu, et par l'advis, conseil et
délibéracion desquels et autres notables preudommes de
nostredit grant conseil, avons fait, voulu et ordonné, faisons, voulons et ordonnons les ordonnances qui s'ensuivent.

---

1. O. « chrestien »; F. donne « très cher ».
2. O. « Vienne ».
3. O. « lecture ».

DU DEMAINE.

1. *Comment le Roy ordonne que pour le gouverne[me]nt des finances, du demaine et des aides, afin d'eschiver à multiplicacion d'officiers, il n'y aura que deux trésoriers qui seront esleuz, et pour faire les escriptures, des notaires du Roy.* — Et premièrement, pour obvier à la multiplicacion des officiers qui ont eu le gouvernement de noz finances, tant de celles de nostre demaine comme de celles des aides ordonnez pour la guerre, lesquelx à cause de leurs offices ont eu et prins ou temps passé sur nous grans et excessifz gaiges, salaires et dons, à nostre très grant charge, nous avons ordonné et ordonnons que doresenavant, en lieu de trésoriers et de généraulx pour le gouvernement, administracion et cognoissance de toutes nosdictes finances, tant de celles de nostre pays de Languedoil comme de Languedoc, et tant de celles de nostre demaine comme de celles de nosdiz aydes, nous aurons seulement deux bons preud'hommes, saiges, solvables et souffisans, qui seront à nous et non à autres, et telz que ilz soient taillez de demourer longuement esdiz offices, pour obvier aux grans dommaiges que nous avons euz et soustenuz ès mutacions qui trop souvent ont esté faictes desdiz offices ou temps passé; et seront à ce que dit est esleuz en notre Chambre des comptes par nostre chancellier et nosdiz commis pour entendre et pourveoir au bien publique du royaume, appellez avec eulx des gens de nostre grant conseil et de nostre parlement, des gens de nosdiz comptes et autres en nombre compétent, lesquelz commis auront, tant pour leurs gaiges comme pour tous autres prouffiz, chacun la somme de mil livres tournois par an, avec les autres menuz et anciens droiz, et seront appelez les commis par nous ordonnez au gouvernement de toutes les finances de nostre royaume; lesquelz ainsi commis seront tenuz d'estre et assister diligemment chascune sepmaine, tant pour le fait de nostredit demaine comme de nosdiz aides, ès chambres de nostre trésor et

desdiz aydes, à ce ordonnez en nostre palais, pour l'expédicion des besoingnes touchans leurs offices; et pour faire des lettres et escriptures touchans le fait [1] desdiz aides auront de noz notaires tant et en tel nombre que besoing sera; et se aucun par importunité ou autrement se boutoit oudit office oultre le nombre ou par autre manière que par eslección, comme dit est dessus, il sera réputé et dès maintenant le réputons inhabile à icellui et à tous autres offices royaulx, et voulons que tous les prouffiz qu'il en auroit euz de nous pour gaiges et autrement, à cause dudit office, soient recouvrez sur luy [2] ou sur ses hoirs.

2. *Comment le Roy ordonne que pour recevoir toutes les finances du demaine, il y aura ung changeur et receveur général et ung clerc qui sera son contreroleur, qui pareillement seront esleuz.* — Item voulons et ordonnons que pour recevoir toutes les finances de nostre demaine, tant de Languedoil comme de Languedoc, aura tant seulement en nostre trésor un bon preudomme, saige et riche, qui sera changeur ou receveur général [3] de tout nostredit demaine; y aura aussi ung autre preudomme saige et souffisant qui sera clerc et contreroleur d'icellui trésor, lesquelx serviront à gaiges, telz que advisez seront par nostredit chancellier et autres de nostre grant conseil en nostre Chambre des comptes, et seront esleuz par la manière contenue en l'article précédent; et se aucun se y boutoit autrement que par ladicte eslección, il sera pugny comme ordonné avons de noz commis oudit précédent article.

3. *Comme le Roy déclaire que aucuns receveurs particuliers ne seront ordonnez pour recevoir quelzconques deniers appartenans au demaine et confiscacions, mais sera le tout receu par les vicontes et receveurs ordinaires ou receveur général.* — Item, pour ce que ou temps passé ont esté par

---

1. O. « l'estat ».
2. A donne « eulx ».
3. Voir Vuitry, *Etudes sur le régime financier de la France*, 2e série, II, 590-91.

importunité de requérans faiz et ordonnez pluseurs receveurs
extraordinaires d'aucune partie de nostre demaine, si comme
des amendes de nostre parlement, de l'esmolument de noz
monnoyes, des nouveaux acquestz, des fiefz acquis par non
nobles, des composicions des usuriers et autres contracts
illicites, des restes deues à cause de nostredit demaine,
et autres, à la grant charge et dommage de nous et de
nostredit demaine [1], nous voulons et ordonnons que
toutes lesdictes revenues et aussi les reliefz, rachatz, quints
deniers, régales, gardes, pugnicions et condempnacions de
Lombars et usuriers demourans en nostre royaume, l'esmolument de nostre scel, les revenues de noz eaues et forestz,
des nobilitacions, manumissions, légitimacions, admortissemens, bourgoisies, confiscacions, forfaictures, espaves,
biens vacquans, et généralement toutes autres choses touchans
nostredit demaine, soient receues par noz receveurs et
vicontes ordinaires et le changeur ou receveur général de
nostre trésor à Paris, ainsi que anciennement a esté acoustumé de faire; et dès maintenant révoquons et adnullons par
ces présentes tous autres quelzconques receveurs particuliers
et extraordinaires, et defendons expressément que aucuns
doresenavant ne impètrent lesdiz offices, et s'il advenoit que
aucun par importunité ou autrement se y boutast, il en sera
pugny [2] comme ordonné avons ou premier article de noz
présentes ordonnances.

4. *Comment le Roy ordonne que de son demaine soient*
payez fiefz et aumosnes et faictes les repparacions de ses chas-
teaulx, maisons, fours, moulins, etc. — Item, voulons et
ordonnons que des deniers venans de nostredit demaino soient
payez fiefz, aumosnes [3], gaiges et autres despences ordinaires

---

1. « Et autres.... de nostredit demaine » n'est pas dans A.
2. 1408, 7 janvier, art. 14 (O. IX. 284).
3. « *Fiefz* signifient rentes feudales, ou bien rentes en fief, assignées sur le
domaine du Roy, estans appelées fiefz parce que elles ont été anciennement
créées à cause de fiefs ou héritages nobles tenus nuement du Roy... desquels
les Roys de France se sont accommodes, les ayant unis à leurs domaines et
au lieu d'iceulx ont constitué et assigné lesdites rentes de pareille nature et

et faictes les repparacions de noz chasteaulx, maisons, fours, moulins et autres édiffices, lesquelz nous voulons estre repparez et mis en bon estat le plus brief que faire se pourra[1].

5. *Comment le Roy défent aux gens des comptes, trésoriers et receveur général que sur le demaine ne soient payez aucuns dons ne autres charges extraordinaires sur peine d'amende, etc.* — Item, deffendons très expressément à noz gens des comptes et aux commis et à commectre sur le gouvernement de toutes noz finances, sur peine de amende arbitraire, qu'ilz ne seuffrent paier sur les revenues apparetenans à nostredit demaine aucuns dons ou autres charges extraordinaires, à quelque personne que ce soit, ne pour quelconque mandement qu'ilz aient de nous, et au changeur ou receveur général de nostredit trésor, que telz dons ou autres charges extraordinaires il ne paye à quelconque personne que ce soit, sur peine de le recouvrer sur lui ou sur ses hoirs[2].

6. *Comment le Roy deffent aux dessusdictes gens des comptes, trésoriers, receveur et contreroleur, que ilz ne tournent ou changent aucunes cédules ou descharges sur peine de privacion de leurs offices, etc.* — Item, defendons ausdiz commis et aussi au changeur ou receveur général et contreroleur dudit trésor, qu'ilz ne soient si hardiz de tourner ou faire tourner en icellui trésor aucunes cédules ou descharges[3] du fait de noz aides pour quelque mandement qu'ilz ayent, sur peine pour la première foiz que le cas leur advendroit,

---

qualité. » — « *Aumosnes* sont les dons et laiz pitoiables faits par les Roys pour la fondation et dotation d'églises, monastères, hospitaux ou services divins, desquelz le payement est assigné sur le domaine. (Charondas Le Caron, *Œuvres*, Paris, 1637, 128).

1. 1401, 7 *janvier*, art. 14 (O. *VIII*, 416); — 1408, 7 *janvier*, art. 13 (O. *IX*, 284). — Voir Vultry, *Études sur le régime financier de la France*, 2ᵉ série, II, 630.

2. 1401, 7 *janvier*, art. 14, (O. *VIII*, 416). — 1408, 7 *janvier*, art. 13 (O. *IX*, 284).

3. Les décharges étaient des assignations ou mandats de payement avec formule déchargeant le receveur en ses comptes de la somme assignée. On ne trouve pas le mot décharge avant Charles VI; voir Vultry, *Études sur le régime financier*, 2ᵉ série, II, 627.

de recouvrer sur eulx ou sur leurs hoirs les sommes contenues esdictes cédules ou descharges, et pour la seconde ou autresfoiz qu'ilz y rencherront, de privacion de leurs offices et inhabilitacion à tous offices royaulx, et de recouvrer sur eulx ou leurs hoirs les sommes qu'ilz auroient ainsi tournées sur nostredit trésor [1].

7. *Comment le Roy veult que toutes expedicions de choses nouvelles soient faictes en plain burel du trésorier, présens les gens des comptes, etc.* — Item, voulons et ordonnons que toutes expédicions de choses nouvelles qui se doivent faire par nostredit trésor, soient faictes doresenavant en plain burel en nostre Chambre des comptes, présens à ce noz conseillers d'icelle Chambre, et que ce que autrement se feroit ou expédieroit, soit tenu et réputé de nulle valeur [2].

8. *Comment le Roy deffent aux gens des comptes que ilz ne cloent ou affinent aucuns comptes sans la présence des trésoriers ou l'un d'eulx.* — Item, deffendons que lesdictes gens de nos comptes ne cloent aucuns comptes touchans le fait de nostredit demaine, se lesdiz commis ou l'un d'eulx ne sont présens, ou qu'ilz aient veu ou ouy lire tout au long la recepte et despence d'icellui compte; et pourront nosdiz commis ou l'un d'eulx veoir les estas de noz receveurs ou vicontes, avant la rendue de leurs comptes, toutesfoiz que bon leur semblera [3].

9. *Comment le Roy veult que chacun moys le receveur général ou changeur vaise en la Chambre des comptes extraire les restes deuz par les comptes des officiers particuliers.* — Item, que nosdictes gens des comptes facent chacun moys savoir ausdiz commis et changeur ou receveur général et controroleur de nostredit trésor les restes des comptes de noz receveurs et vicontes, qui compteront du fait de nostre-

1. 1389, 1 mars, art. 19 (O. VII, 241).
2. 1401, 7 janvier, art. 14 (O. VIII, 416); — 1403, 7 janvier, art. 13 (O. IX, 284).
3. 1389, 1 mars, art. 17 (O. VII, 241)

dit demaine, afin que lesdictes restes soient incontinent
exécutées; et commandons audit changeur ou recevcur
général, que chacun moys les aille quérir en ladicte Chambre
des comptes et les face exécuter très diligemment et sans y
faire aucune faulte [1].

**10. Comment le Roy veult que ledit changeur aille en
ladicte chambre des comptes quérir la déclaracion des restes
et arréraiges du temps passé deuz à cause du demaine. —**
Item, pour ce que de présent a en nostredicte Chambre des
comptes pluseurs restes et arréraiges qui nous sont deues
du temps passé à cause de nostre demaine, nous ordonnons
et expressément commandons ausdiz changeur et contreroleur qu'ilz le voisent ou envoient quérir incontinent et les
facent bien et diligemment exécuter [2].

**11. Comment le Roy veult que les receveurs rendent
compte une foiz l'an et les vicontes deux foiz l'an, et aussi
que nul qui ait esté officier de recepte ne soit mis en autre
office jusques à ce que premièrement il ait rendu et affiné
deuement ses comptes. —** Item, voulons et ordonnons que
le changeur ou receveur général de nostre trésor et tous
autres [3] receveurs, vicontes et autres officiers ayans recepte
de nostre demaine comptent par chacun an en nostredicte
Chambre des comptes, c'est assavoir lesdiz vicontes deux
foiz l'an en la manière acoustumée, et lesdiz receveurs une
foiz l'an, sur peine de privacion de leurs offices; et à
ceste fin commandons aux gens de nosdiz comptes, que
chacun an ilz facent kalendrier au regart desdiz receveurs
et leur assignent jour de venir compter une foiz l'an, pareillement que [4] ilz font ausdiz vicontes de venir compter deux
foiz l'an; et oultre ordonnons que aucuns non ayans
offices de recepte, qui autresfoiz s'en seroient meslez ou

---

1. 1389, 1 mars, art. 18 (O. VII, 211).
2. 1370, 28 février, art. 16 (O. VI, 382).
3. O. « noz ».
4. O. « comme ».

entremis, ne soient receuz[1] ne remis à quelconque estat ou office de nostre Chambre des comptes, de recepte, ne autre estat ou office de nostredit demaine, jusques à ce qu'ilz ayent rendu leurs comptes et iceulx affinez deuement en nostredicte Chambre; et ce leur defendons très expressément sur peine de recouvrer sur eulx ou leurs hoirs tous les prouffiz qu'ilz en auroient euz et d'estre reputez inhabilles à iceulx offices et à tous autres offices royaulx[2].

12. *Comment le Roy veult que chacun moys l'estat du trésorier soit veu une foiz par les gens des comptes pour remédier à ce qui ne seroit pas bien à point.* — Item, que en la fin de chacun moys soit veu en plain burel en la Chambre de noz comptes l'estat de nostre trésor, tant en recepte comme[3] en despence, afin que par les gens de noz comptes soit pourveu et remédié, s'il y a chose faicte autrement que à point, ou que par eulx nous soyons advertiz ou advisez sur ce pour y pourveoir ainsi qu'il appartendra[4].

13. *Comment le Roy deffent aux trésoriers et aux gens des comptes qu'ilz ne facent composicions touchant les admortissemens, nobilitacions, légitimacions et leurs semblables jusques après informacion faicte par vertu de lettres royaulx.* — Item, pour ce que souventes foiz est avenu ou temps passé que quant aucuns ont voulu avoir de nous admortissemens, nobilitacions, légitimacions, manumissions, bourgoisies et autres choses pour lesquelles nous avons acoustumé et à nous appartiengne avoir finances, noz trésoriers qui ont esté ou temps passé ou les aucuns d'eulx en ont fait les composicions et fait faire les informacions à leur plaisir et voulenté, sans mandement de nous et sans le sceu de noz gens des comptes, parquoy les composicions ont esté moins saigement et prouffitablement faictes pour nous,

---

1. « Receuz » n'est pas dans A.
2. 1370, 28 février, art. 13 (O. VI, 382). — 1389, 1 mars, art. 15 (O. VII, 211). — Voir A. Coville, *les Cabochiens*, 228, n. 2.
3. O. « que ».
4. 1403, 7 janvier, art. 16 (O. IX, 285.

nous avons ordonné et ordonnons par ces présentes, que nosdiz commis ne puissent faire doresenavant teles composicions sans nosdictes gens des comptes, et ce leur deffendons expressément sur peine de amende arbitraire et de recouvrer sur eulx le dommaige que nous y pourrions avoir; et en oultre voulons et ordonnons que doresenavant nosdictes gens des comptes et commis ensemble, ne à part eulx ne puissent riens faire ès choses dessusdictes sinon par la manière qui s'ensuit, c'est assavoir que, quant aucun vouldra de nous obtenir aucun admortissement ou nobilitacion ou aucunes autres choses dessusdictes ou semblables, lesdictes gens des comptes et commis ensemble par noz lettres patentes passées et séellées en nostre chancellerie feront faire informacion bien et convenablement selon les instruccions qui par eulx seront envoiées aux commis à faire lesdictes informacions sur le contenu en la[1] requeste; les circonstances et deppendences; et les informacions faictes leur seront renvoiées et rapportées en plain burel, et là veues, expédiées et jugées par nosdictes gens des comptes et commis ensemble, et lors feront tel appoinctement sur le cas comme il leursemblera estre raisonnable et prouffitable pour nous[2].

14. *Comment le Roy veult que toutes les lettres touchans les admortissemens, nobilitacions, légitimacions et leurs semblables soient portées en la chambre des comptes sans estre déllvrées à l'audience. etc.* — Item, afin que les choses ordonnées ou prouchain précédent[3] article puissent mieulx estre exécutées sans fraulde, nous avons ordonné et[4] ordonnons que, toutes et quantes foiz que nous envoierons[5] à aucunes personnes lettres ou chartres sur lesdiz admortissemens, nobilitacions, manumissions et autres choses semblables, pour lesquelles nous seroit deue finance, lesdictes lettres

---

1. O. « sa ».
2. Voir A. Coville, *les Cabochiens*, 230.
3. O. « par ce dit ».
4. « Ordonné et » n'est pas dans A.
5. O. « octroyerons ».

ne soient point rendues à l'audience de nostre chancellerie,
ne délivrées à la partie pour qui elles seront, ne qui les
poursuivra, mais commandons et enjoingnons expressément
à noz audiencier et contreroleur de ladicte audience, que
eulx ou l'un d'eulx apportent ou envoient icelles lettres
pardevers nosdictes gens des comptes en nostredicte
Chambre, pour icelles veues en ordonner comme il appartendra selon la forme de l'article prochain précédent.

15. *Comment le Roy ordonne que tous ses receveurs et
vicontes soient esleuz de personnes bons et souffisans, en
deschargant ceulx qui ne seroient mie souffisans ne prouffitables.* — Item, ordonnons que les receveurs et vicontes
des autres receptes et vicontez de nostredit demaine soient
prins, ordonnez et esleuz de bonnes personnes souffisans et
bien resséans par nosdictes gens des comptes et commis; et
se de présent y a aucuns esdiz offices qui ne soient souffisans ne prouffitables pour nous, nous voulons que tantost
et hastivement ilz y pourvoient en leurs lieux d'autres bons
et souffisans sans faveur ou accepcion de personne et par
noz lettres ; et s'aucun se boutoit esdiz offices par autre
manière que dessus est dit, nous voulons que tout ce qu'il
en recevroit à cause de gaiges ou autrement soit recouvré
sur lui ou ses hoirs, et avec ce dès maintenant pour lors le
privons et déboutons dudit office et à icellui le repputons
inhabille [1].

16. *Comment le Roy ordonne que par commissaires ordonnez
soient faictes informacions des biens vacans, espaves, etc.,
et le double de l'inventoire envoyé en la Chambre des comptes
et que tous bailliz, prévostz, receveurs et vicontes facent diligence de les fere venir ens.* — Item, avons ordonné et
ordonnons que bonne et grant diligence soit faicte par nostre
prévost de Paris et par tous les autres prévostz, bailliz,
séneschaulx et vicontes de nostre royaume ou leurs commis

---

1. 1401, 7 *janvier, art.* 15 (*O. VIII*, 410). — 1408, 7 *janvier, art.* 17 (*O. IX*,
284). — Voir A. Coville, *les Cabochiens*, 227, et n. 3.

de faire venir ens[1] toutes[2] confiscacions, forfaictures,
espaves et biens vacquans et autres choses semblables qui
vendront et escherront es meetes[3] de leurs juridicions ;
et pour mieulx savoir la verité et que on n'en puisse aucune
chose recéler, nous mandons et commandons sur peines de
privacions d'offices et d'amendes arbitraires que les commissaires qui seront commis et ordonnez à fère les inventoires
des choses dessusdictes portent et baillent ou facent porter
et baillier, dedens quinze jours après la date des inventoires
ou plus tost, au prévost, séneschal, bailli ou viconte en quele
juridicion la chose sera trouvée et escheue, copie dudit
inventoire deuement certiffié et approuvé, et une autre
semblable copie au receveur ou viconte en quele recepte
ce sera fait, lesquelz inventoires seront envoiez chacun an
par lesdiz prévost, bailliz ou receveur en nostre Chambre
des comptes, sur peine de amende arbitraire ; et aussi
pareillement avons ordonné et ordonnons que nos prévostz
chacun moys envoient leurs exploiz et amendes à noz receveurs ordinaires des lieux, et pareillement les bailliz et
séneschaulx envoient leursdiz exploiz et amendes à noz
receveurs ordinaires, dedens quinze jours après chacun de
leurs plaiz ou assises, signez deuement et par roole, afin que
nosdiz receveurs ordinaires[4] facent diligence d'iceulx exploiz
et amendes faire venir ens à nostre proufit et sur les mesmes
peines[5].

17. *Comment le Ray ordonne que jusques à trois ans
touz deniers et prouffiz qui vendront à cause des forfaitures,
admortissemens et autres adventures, soient emploiez en
rachatz de rentes dont le demaine est chargié, et ès repparacions des forteresses et autres édiffices, en deffendant sur
peines d'amendes que nulz dons faiz sur le demaine ou à
fère ne soient payez ne lettres baillées ne expédiées. — Item,*

1. O. donne « eux » en indiquant la correction.
2. O. « les ».
3. *Mectes*, limites.
4. « Ordinaires » n'est pas dans A.
5. La fin de l'article 16 est incompréhensible dans O.

afin que noz chasteaulx, maisons, forteresses, halles, fours, moulins, estangs, pons, portz, passaiges et autres édiffices qui seront en péril de briefment tourner et cheoir en ruyne, se pourveu n'y estoit, soient retenuz et repparez et mis en bon estat, et que les charges dont nostre demaine est chargié puissent estre et soient mieulx payées et acquictées doresenavant qu'ilz n'ont esté ou temps passé, nous avons ordonné et ordonnons que, du jour de la date de ces présentes jusques à trois ans prouchains après ensuivans, nous ne donnerons à quelque personne que ce soit aucuns deniers ou autres choses qui nous vendront ou escherront à cause des reliefz, rachatz, quints deniers, forfaictures, espaves, biens vacquans, admortissemens, légitimacions, nobilitacions, manumissions, amendes, régales, ne autres adventures ou confiscacions quelzconques qui nous appartiengnent et nous puissent survenir et escheoir durant ledit temps; et aussi ne ferons aucuns dons particuliers pour une foiz d'aucune somme d'argent, ne ne mettrons aucune charge extraordinaire sur nostredit demaine; et s'il advenoit que par importunité de requérans ou autrement, nous feissions aucuns dons touchans ce que dit est, ou meissions aucune charge extraordinaire sur nostredit demaine, nous deffendons à tous noz secrétaires présens et advenir et a chascun d'eulx, que sur ce ne facent ou signent aucunes lettres sur peine de privacion de leurs offices et d'amendes arbitraires, et se par inadvertance ou autrement aucunes lettres en estoient faictes ou signées, nous deffendons à nostre chancellier qu'il n'en séelle aucunes, sur le sérement que il a à nous, et s'aucunes lettres estoient sur ce faictes et séellées, nous défendons ausdiz commis qu'ilz n'en expédient ou vérifient aucunes sur peine de privacion de leurs offices et d'amende arbitraire; et aussi deffendons au changeur de nostre trésor et au clerc ou contreroleur d'icellui que sur ce facent ou lièvent aucunes cédules ou descharges, et audit changeur et à tous les receveurs particuliers de nostredit demaine, bailliz, prévostz et vicontes de nostre royaume, à tous commissaires ordonnez ou à ordonner, que aucune chose ilz n'en paient et n'y obeissent en aucune manière, et semblablement à noz gens des comptes que aucune chose n'en allouent en aucuns comptes a chacun des dessusdiz sur semblable peine que dessus est dit; et oultre voulons et ordonnons que tout le prouffit qui ystra [1] de ce que dit est, soit tourné et converty ou rachat des rentes dont nostredit demaine est chargié et esdictes repparacions et non autre part; et oultre voulons que l'ordonnance par nous autreffoiz faicte sur le fait des admortissemens [2], c'est assavoir de avoir pour nostre demaine le tiers d'autant et d'autele condicion et valeur que ce que nous admortirons, soit tenue et gardée, ou au moins que celluy à qui nous admortirons soit tenu de nous baillier tèle somme que par noz gens des comptes sera arbitrée et par noz lettres patentes, selon la teneur de ladicte ordonnance et non autrement, et s'aucun prent aucunes des choses contenues en cest présent article contre nos present ordonnance, nous voulons qu'il soit recouvré lui ou sur ses héritiers ou temps advenir.

18. *Comment le Roy ne donnera plus aucunes foires ou marchiez sinon en gardant les solempnitez et révoque touz affranchissemens de foires données depuis quarante ans, etc.* — Item, pour ce que par importunité de requérans nous avons donné [3] et octroyé [4] pluseurs foires et marchiez à pluseurs personnes qui icelles ont mises sus, sans expédicion de nostre Chambre des comptes et sans garder les solempnitez acoustumées, et aussi avons pluseurs d'icelles foires et marchiez affranchiz de noz aides et autres droiz et devoirs, parquoy les nostres et autres voisines en sont grandement diminuez en valeur et noz demaines et aides aussi, nous avons ordonné et ordonnons que doresenavant nous ne donnerons

---

1. O. « y sera ».
2. 1402, octobre, O. VIII, 546; — Gilles Lemaistre, *Œuvres : Traité des admortissements et francs-fiefs*, Paris, 1653, p. 200.
3. A donne « ordonné ».
4. « Et octroyé » n'est pas dans A.

ou octroyerons aucunes foires ou marchiez, que ce ne soit
en gardant les solennitez acoustumées et par l'expédicion
de nostre Chambre des comptes comme autreffoiz d'ancienneté a esté fait; et avecques ce par ces présentes avons
révoqué et révoquons tous les affranchissemens desdictes
foires et marchiez, et voulons que elles demeurent de pareille
condicion sans autre franchise, comme les nostres et autres
voisines; révoquons aussi et adnullons toutes foires et
marchiez par nous octroiez depuis quarante ans en ça, où
les solennitez anciennes et acoustumées, dont dessus est
faicte mencion, n'ont esté gardées et observées[1].

19. *Comment [le Roy] veult que nulles robes ne soient payées
à ses officiers sinon à ceulx qui les ont acoustumé avoir au
devant de cinquante ans passez.* — Item, pour ce que puis
aucun temps en ça[2] pluseurs noz conseilliers, officiers et
autres ont prins de nous robes chacun an, qui paravant
n'estoit acoustumé, nous voulons et ordonnons que doresenavant quelzconques personnes n'auront ne prendront de nous
aucunes robes, excepté celles ausquelles noz prédécesseurs
Roys de France, paravant le temps de cinquante ans derrenièrement passé, les ont acoustumé de donner; et pour
ce que aucuns, qui d'ancienneté et paravant ledit temps ont
acoustumé de prendre robes sur nous, prennent pour icelles
plus grans sommes de deniers que raison ne veult, nous,
voulons à ce pourveoir, ordonnons que par les gens des
comptes l'estimacion desdictes robes selon la qualité des
personnes et de leurs estaz soit modérez et ramenez[3] à sommes
raisonnables et non excessives, et se par importunité ou
autrement aucun en prenoit[4] contre nostre présente ordonnance, tout sera recouvré sur lui ou sur ses hoirs[5].

---

1. Voir Vuitry. *Etudes sur le régime financier*, 2ª série, I, 115, 492.
2. « En ça » n'est pas dans A.
3. O. « ramendée ».
4. A. donne « emprenoit ».
5. 1408, 7 *janvier*, *art.* 10, (O. *IV*, 284). — Voir A. Coville, *les Cabochiens*, 231.

20. *Comment, pour eschiver à multiplicacion d'escriptures ou trésor, les finances du demaine seront receues par descharges et escroes par le changeur ou receveur général.* — Item, afin que doresenavant ne conviengne avoir tant d'officiers [1] ne faire tant d'escriptures en nostre trésor, et pour obvier à ce que l'en ne face plus aucuns tours d'escrips [2] par manière de *capiatis* ou autrement, nous avons ordonné et ordonnons que toutes les finances de nostredit demaine viengnent en la main dudit [3] changeur ou receveur général d'icellui demaine, et qu'il ne puisse riens recevoir, se ce n'est par les escroes [4] et descharges signées desdiz commis ou de l'un d'eulx, et que lesdictes descharges soient signées des seings manuelz desdiz changeur et contreroleur.

21. *Comment, pour accroistre le demaine et diminuer les charges d'icellui, le Roy ordonne certains articles déclairez en autres ordonnances et récitez après estre mis à exécucion.* — Item, comme par grande et meure délibéracion de conseil et par l'advis de pluseurs de nostre sang et lignaige [5], nous eussions dès l'an mille quatre cens et neuf le xxviiie jour de septembre [6] fait certaines ordonnances pour croistre nostre demaine et oster et diminuer pluseurs grandes charges qui se prenoient sur icellui tant par pluseurs noz officiers et serviteurs, capitaines et autres, comme aussi par autres gens et par pluseurs et diverses manières, laquelle diminucion de charges et accroissement de nostre demaine montoit à très grant somme d'argent par chacun an, et il soit ainsi que d'icelle ordonnance pluseurs articles quant à ce

---

1. O. « offices ».
2. Secousse, citant un autre document où cette expression est employée, ajoute : « Ces deux passages ne suffisent pas pour déterminer la signification du mot *tour* qui n'est plus en usage, et sur laquelle les officiers de la chambre des comptes que j'ai consultés n'ont pu donner d'éclaircissement. » O. IX, 285.
3. O. « nostredit ».
4. *Escroe*, quittance.
5. « Et par l'advis... lignaige » n'est pas dans A.
6. Cette ordonnance du 28 septembre semble perdue; elle n'est dans aucun recueil connu.

aient esté mis à exécucion deue, tant par la mort de pluseurs
qui par dons à eulx faiz prenoient grant somme d'argent sur
icellui nostre demaine comme[1] autrement, et aucuns des
autres articles contenus en icelles ordonnances, ostez, pour
ce que ilz [ne[2]] sembloient expédiens, et aucuns des autres
muez et corrigiez, et le résidu demoure à exécuter, nous,
pour accroistre nostredit demaine et diminuer les charges
d'icellui, voulons et ordonnons que iceulx articles muez
et corrigiez et autres restans à exécuter contenuz en
ladicte ordonnance non ostez et aboliz, dont les teneurs
seront insérées incontinent[3] après cest présent article,
demeurent en leurs termes et soient après la publicacion de
ces présentes mis à exécucion deue; et en oultre ordonnons que se[4] doresenavant aucun, de quelque estat qu'il
soit, par importunité ou autrement, prent aucune chose sur
nostredit demaine, contre ladicte ordonnance et les articles
sur ce faiz et passez, soit recouvré sur lui ou sur ses héritiers.

22. *Comment le Roy remect à son demaine le criage de la
ville de Paris, qui donné estoit.* — Item, et pour ce que nostre
demaine est moult appeticié et diminué, par les dons de noz
prédécesseurs et nous, ou temps passé faiz tant à vie et à
voulenté, comme autrement, de pluseurs membres de nostredit demaine, nous avons ordonné et ordonnons que le criaige
de la ville de Paris[5], que souloit tenir à sa vie feu Jaques
Marquade, et que tient à présent la femme dudit Marquade,
lequel criaige par nostre commandement et ordonnance, a
depuis naguères esté mis, adjoinct et uny à nostre demaine
par les gens de noz Comptes, soit et demeure doresenavant
en nostredit demaine, selon la forme de l'appoinctement et
expédicion sur ce faiz par les gens de nosdiz Comptes; et
se aucune personne s'efforce de occuper ledit office, ne de

---

1. O. « et ».
2. « Ne » n'est pas dans A; O donne « nous »; corr. « ne »
3. « Incontinent » n'est pas dans A.
4. « Se » n'est pas dans A.
5. Voir *Le livre des métiers* d'*E. Boileau*, éd. Depping, LX, 444, éd. Lespi-
asse, 21.

icellui, impétrer doresenavant, par quelque manière que ce soit, nous voulons que tout ce qu'il en aura eu de prouffit, soit recouvré sur luy ou sur ses héritiers, nonobstans quelzconques dons ou octroiz faiz ou à faire à quelque personne, et soubz quelconque couleur que ce soit.

23. *Comment le Roy remect à son demaine les revenues prouffiz et émolumens de la conciergerie du Palais à Paris.* — Item, avons semblablement ordonné et ordonnons que toutes les revenues, prouffiz et émolumens quelzconques appartenans à la Conciergerie de nostre Palais [1], tant en juridicion comme en autres revenues, soient remis, rejoins et uniz à nostredit demaine, et toutes les dictes revenues gouvernées par le receveur ordinaire de Paris, et dès maintenant en fera ledit receveur recepte et despense en ses comptes; et auront les concierges pour gaiges les prouffiz de noz jardins dudit Palais et VI^{xx} livres parisis par chacun an, tant seulement; et quant à la juridicion appartenant à la dicte Conciergerie, elle sera gouvernée par ung bailli qui sera esleu pour ce faire, par nostre Chancellier, appellé avecques lui des gens de nostre Parlement et de noz Comptes, tant et en tel nombre comme bon lui semblera, et à telz gaiges comme par eulx sera ordonné et advisé [2].

24. *Comment le Roy restraint les gaiges du concierge et jardinier de l'ostel de Beaulté.* — Item, pareillement avons ordonné et ordonnons que le concierge de nostre hostel de Beaulté sur Marne [3] qui prenoit sur la dicte recepte IIII solz parisis par jour, ne prendra doresenavant que II solz parisis par jour; et le jardinier illec qui prenoit II solz parisis par jour, n'y prendra doresenavant que XII deniers parisis par jour, tant seulement.

---

1. Voir sur la juridiction et les droits de la Conciergerie du Palais une ordonnance de janvier 1359 (O. III, 310) ; — Joly, *Traité des Offices*, II, 912 ; — Aubert, *Le Parlement de Paris de Philippe le Bel à Charles VII*, I, 310.

2. O. « devisé ».

3. Beaulté, c^{ne} de Nogent sur Marne, Seine.

25. *Comment le Roy adjoinct à son demaine la sergenterie de Magny* [1] *et toutes autres sergenteries non fieffées.* — Item, avons semblablement ordonné et ordonnons que la sergenterie [2] de Maigny en Veuguecin [3], ou bailliaige de Senliz, non fieffée, que tient à présent Estienne de leurs maisons [4] et aussi toutes autres semblables sergenteries qui ne furent oncques fieffées ne appliqués à nostre prouffit et demaine [5] et, en quelque bailliaige que elles soient assises, soient mises, joinctes, unies et appliquées dès maintenant à nostre demaine, et seront gouvernées à nostre prouffit, après le trespassement de ceulx qui les tiennent présentement à leurs vies, et les revenues et prouffis d'icelles seront receuz par les receveurs ou vicontes des bailliaiges ou vicontez où les dictes sergenteries seront assises, et s'aucun s'efforçoit de impétrer iceulx offices, nous voulons que tout ce qu'ilz en auroient receu, soit recouvrez sur eulx ou sur leurs héritiers et qu'ilz soient privez et deboutez desdiz offices.

26. *Comment le Roy ordonne que le receveur de Senliz reçoive les amendes, prouffiz, etc., de la prévosté de Pontoise, et le prévost dudit lieu excercera le fait de justice seulement.* — Item, avons ordonné et ordonnons que le prévost ou garde de la prévosté de Pontoise ne recevra doresenavant aucune chose des exploiz, prouffiz, revenuz et émolumens de ladicte prévosté, mais les recevra le receveur de Senliz, ou son lieutenant, et les fera cueillir, lever et exploictier, et ledit prévost sera tenu de lui bailler chacun mois ses exploiz et amendes, par roole deuement certiffié, et servira ledit prévost de faire le fait de justice et excercer la juridicion seulement, et prendra chacun an pour ses gaiges XL livres parisis et non plus.

1. A. donne à tort « Mailly. »
2. O. « seigneurie ».
3. O. « Gevesin ». — Magny en Vexin, arr. de Mantes, Seine et Oise.
4. O. donne « les maisons », ce qui est également incompréhensible.
5. « Et demaine » n'est pas dans A.

27. *Comment le prévost de Laon ne excercera que le fait de justice tant seulement.* — Item, avons ordonné et ordonnons que pareillement sera fait de la prévosté de la cité de Laon [1], et prendra ledit prévost chacun an pour ses gaiges LX livres parisiz tant seulement.

28. *Comment le Roy ordonne que le collecteur des mortes-mains de Vermendois rende compte au receveur de Vermendois.* — Item, avons ordonné [2] et ordonnons que le colecteur des mortes mains de Vermendois baillera doresenavant tous les deniers de sa recepte au receveur de Vermendois, et comptera chacun an icellui collecteur audit receveur, en la présence de nostre bailli de Vermendois et des gens de nostre conseil à Laon ; lequel receveur de Vermendois sera tenu de apporter chacun an en son compte, le compte qu'il aura reçeu dudit collecteur douement certiffié, et prendra ledit collecteur chacun an pour ses gaiges et voyaiges, excepté le voyaige qu'il prenoit pour venir compter à Paris, ce que il a acoustumé prendre.

29. *Comment le Roy joinct et unit la recepte d'Aucerre à celle de Sens.* — Item, avons ordonné et ordonnons que la recepte de nostre demaine à Aucerre soit et demeure joincte et unie à la recepte de Sens, ainsi que autresfoiz a esté, et que le receveur de Sens et d'Aucerre ait et prengne par chacun an pour gaiges IIII[xx] livres parisis seulement.

30. *Comment le Roy joinct et unit la recepte de Prouvins à celle de Meaulx.* — Item, avons ordonné et ordonnons pareillement que dessus, que la recepte de Provins soit remise et joincte à la recepte de Meaulx, comme autresfoiz a esté, et aura le receveur de Meaulx et de Provins de gaiges chacun an cent livres tournois.

31. *Comment le Roy joinct et unit à son demaine la sei-*

---

1. Voir : mars 1332, art. 2, O. II, 77.
2. « Ordonné et » n'est pas dans A.

gneurie de Saint-Sauveur le Viconte. — Item, avons ordonné
et ordonnons que tous les prouffiz, revenues[1] et émolumens
de la viconté de Saint-Sauveur le Viconte[2], que tient à
présent nostre amé et féal chevalier et chambellain le baron
d'Ivry[3], soient remis, rejoinctes et unis à nostre demaine,
et que le viconte de Valoingnes et les autres officiers de la
dicte viconté de Valoingnes gouvernent doresenavant ladicte
viconté de Saint-Sauveur et ses appartenances, sans
aucune creue de gaiges.

32. *Comment le Roy remeet à son demaine la forfaicture
Godeffroy de Harecourt, et comment le Roy veult que le baron
d'Ivry soit capitaine de Saint-Sauveur le Viconte.* — Item,
avons ordonné et ordonnons que la forfaicture de feu
Godeffroy de Harecourt[4], dont mencion est faicte ès comptes
de la viconté de Beaumont le Rogier[5] que tient nostredit
chambellain soit appliquée et mise à nostre demaine et que
nostredit chambellain ne prengne doresenavant aucune
chose d'icelle; et pour ce, actendu et considéré la
constitucion[6] et assiète dudit lieu de Saint-Sauveur, et la
grant neccessité de la garde d'icellui, nous avons ordonné
que nostredit chambellain, lequel demeure cappitaine dudit
lieu, ait et prengne telz gaiges et prouffiz qui seront tauxez
par noz gens des Comptes, appellez avecques eulx des
chevaliers et autres gens de nostre conseil, en ce congnoissans.

33. *Comment le Roy ordonne que son poissonnier de mer*

---

1. « Revenues » n'est pas dans A.

2. Saint-Sauveur le Viconte, arr. de Valognes, Manche.

3. Voir sur cette concession : Delisle, *Histoire de Saint-Sauveur le Viconte*,
(Valognes, 1867, in-8,) 244, n. 5 et 6. — Charles, baron d'Ivry, seigneur d'Ol-
sery, chevalier, conseiller et chambellan du roi Charles VI, souverain
maître des eaux et forêts, 19 sept. 1412 — 18 mai 1413, rétabli le 7 août
1413, tué en Picardie en 1421.

4. Godefroy d'Harecourt, dit le Boiteux, seigneur de Saint-Sauveur le
Viconte, maréchal de l'armée d'Angleterre, mort en novembre 1356. Voir :
Delisle, *Hist. de Saint-Sauveur le Viconte*, 49.

5. Arr. de Bernay, Eure.

6. O. « consume ».

n'ait plus aucuns gaiges. — Item, nostre poissonnier de
mer, qui souloit prendre chacun an à cause dudit office, sur
nostre recepte de Paris, XLV livres xII solz VI deniers
parisis, ne prendra doresenavant aucune chose, pource
qu'il ne sert de riens.

34. *Comment le Roy veult que sa lingière et la fille maistre
Thomas Fouquault ne prengnent plus gaiges ne pencion.* —
Item, semblablement nostre lingière qui prenoit par an
XVIII livres v solz parisis, et C solz parisis pour robes, sur
ladicte recepte, ne prendra doresenavant aucune chose, car
de tout ce que elle a fait et fera pour nous, elle est et sera
payée par nostre argentier; et semblablement la fille
maistre Thomas Foucault, qui prenoit chacun an sur ladicte
recepte, XXII livres xvI solz II deniers parisis, à voulenté,
ne prendra aucune chose doresenavant.

35. *Comment le Roy ordonne que ses deux advocaz en
Chastellet ne prengnent par an chacun d'eulx que C livres
tournois de gaiges.* — Item, combien que chacun de nos deux
advocaz de nostre Chastellet de Paris aient, depuis aucun
temps en ça, accoustumé prendre chacun an de nous, par
manière de don ou autrement, II[c] livres tournois [1], toutesvoyes
ce n'est pas nostre entencion ou voulenté que doresenavant
lesdiz deux advocaz aient de nous ladicte somme, mais leur
deffendons que chacun d'eulx ne prengne de nous, par an,
se donner ne leur voulons, oultre la somme de C livres
tournois, sur peine de recouvrer sur eulx ou leurs héritiers,
ce que receu ainsi en auroient [2].

36. *Comment le garde de l'orloge du bois de Vinciennes ne
prendra que XXV livres tournois par an.* — Item, voulons
et ordonnons que le garde de l'orloge du Bois de Vinciennes,
qui prenoit sur la recepte de Sens LXVIII livres, vIII solz,

---

1. O. « parisis ».
2. O. « auront ».

ix deniers tournois [1], prendra seulement XXV livres tournois
et sera assigné sur la recepte de Paris.

37. *Comment le receveur de Montargis ne prendra par an
que L livres tournois de gaiges.* — Item, le receveur de
Montargis et de Sepoy [2], qui prenoit par an C livres
tournois [3], ne prendra que L livres tournois.

38. *Comment le procureur du Roy à Montargis ne prendra
par an que XXV livres tournois de gaiges.* — Item, le procureur ylec, qui prenoit par an LXXII livres, x solz tournois [4],
ne prendra que XXV livres tournois.

39. *Comment le garde de la tour de Chartres ne prendra
plus aucuns gaiges.* — Item, la garde [5] de la tour de
Chartres, qui prenoit par chacun an XII livres III solz
IIII deniers tournois [6], ne prendra plus lesdiz gaiges, car il
ne sert de riens.

40. *Comment le gruyer de Champaigne ne prendra plus
aucuns gaiges.* — Item, le gruyer de Champaigne, qui
prenoit par an C livres tournois [7], ne prendra plus aucuns
gaiges, car il n'y aura plus de gruyer.

41. *Comment le gardien de la terre de Luxeu ne prendra
plus aucuns gaiges.* — Item, le gardien de la terre de
Luxeu [8], qui prenoit par an sur la recepte de Chaumont
V livres tournois [9], ne prendra plus riens, et sera le bailli de
Chaumont gardien dudit lieu, sans pour ce prendre aucuns
gaiges de nous.

---

1. O. « parisis ».
2. Cepoy, c⁰ⁿ et arr. de Montargis, Loiret. — O. donne « ce pays ».
3. O. « parisis » pour les deux sommes.
4. O. « parisis » pour les deux sommes.
5. O. « guete ».
6. O « parisis ».
7. O « parisis ».
8. Luxeuil, arr. de Lure, Hⁱᵉ-Saône.
9. O. « parisis ».

42. *Comment Jaques de Chasteillon n'aura plus IIIIe livres de récompensacion pour la chastellenie du Crotoy.* — Item, nostre amé et féal Jacques de Chasteillon, seigneur de Dampierre, admiral de France [1], lequel prenoit sur les receptes de Vermendois et d'Amiens IIII^c livres tournois en récompensacion de la chastellenie du Crotoy [2] n'en prendra doresenavant aucune chose.

43. *Comment Jaques de Bourbon n'aura plus sa pencion de XIIe livres tournois par an.* — Item, nostre amé et féal cousin Jaques de Bourbon, seigneur [3] de Préaulx [4], qui prenoit pour sa pencion XII^c livres tournois, tant sur la recepte de Paris, comme sur pluseurs vicontez de nostre pays de Normendie, ne prendra plus aucune chose.

44. *Comment le premier président de Parlement ne prendra plus les V^c livres tournois par an, qu'il prenoit pour sa chevalerie.* — Item, nostre amé et féal conseillier et premier président en nostre parlement, Henry de Marle [5], qui prenoit par an pour sa chevalerie [6], V^c livres tournois, sur la recepte de Paris, semblablement ne prendra plus aucune chose.

45. *Comment le chancellier ne prendra plus mil livres tournois pour sa chevalerie, en deffendant que, etc.* — Item, nostre amé et féal chancellier Arnault de Corbie [7] qui pour

---

1. J. de Chatillon, chevalier, conseiller et chambellan de Charles VI, amiral en 1408, suspendu en 1403, tué à Azincourt.

2. Le Crotoy, arr. d'Abbeville, Somme.

3. O. « sire ».

4. J. de Bourbon, seigneur de Préaux, grand bouteiller de France, fils de Jacques de Bourbon, comte de la Marche, mort en 1417.

5. H. le Corgne, dit de Marle, professa le droit à l'Université d'Orléans en 1373, avocat au Parlement, 4e président en 1393, premier président en 1403, élu chancellier le 8 août 1413, massacré par les Bourguignons le 9 mai 1418.

6. O. donne « chancellerie ». Il semble bien que ce soit une mauvaise lecture pour « chevalerie ». Il en est de même pour l'article suivant.

7. A. de Corbie, né à Beauvais en 1325, avocat au Parlement, conseiller clerc en 1363, premier président en 1373, chancellier en 1388, destitué en 1413, mort le 24 mars 1414.

sa chevalerie prenoit par an V^c livres tournois, ne les prendra plus, et deffendons que doresenavant pour telles chevaleries, aucun ne demande ne preugne rente sur nous.

46. *Comment messire Pierre de la Trémoille ne prendra plus sa pencion de XII^c livres tournois.* — Item, nostre amé et féal chevalier [1] et chambellain, Pierre de la Trémoille [2], qui prenoit de pension sur la recepte de Chaumont mil livres tournois, et sur nostre trésor II^c livres tournois, n'en prendra plus aucune chose.

47. *Comment le sire d'Osmont ne prendra plus M livres tournois par an, à cause de la garde de l'Oriflambe.* — Item, nostre amé et féal conseillier et premier chambellain, le sire d'Osmont [3], qui prenoit à cause de la garde de l'Oriflambe sur nostre vicomté de Rouen mil livres tournois, n'en prendra plus riens ne autres aussi à cause de ladicte [4] garde, se ce n'estoit pour les années que icelle Oriflambe seroit [5] portée.

48. *Comment le paintre ne prendra plus aucune pencion.* — Item, nostre paintre, qui prenoit sur nostre trésor VI^{xx}XVI livres ne prendra plus aucune chose.

49. *Comment le clerc du trésor ne prendra plus sa pencion de II^c livres tournois à vie.* — Item, Guy Brochier, clerc de nostre trésor, qui prenoit à vie sur icellui nostre trésor II^c livres tournois, n'en prendra plus aucune chose, sur la peine que dessus [6], c'est assavoir de recouvrer sur lui ou sur ses hoirs tout ce qu'il en auroit receu.

50. *Comment Colart de Sens Convers, sa femme, et enfans*

1. O. « conseiller ».
2. P. de la Trémoille, baron de Dours, conseiller et chambellan de Charles VI et de Philippe le Hardi, duc de Bourgogne.
3. Pierre d'Aumont, dit Hutin, chevalier, conseiller et premier chambellan de Charles VI, prisonnier à la bataille de Poitiers, mort en mars 1414.
4. O. « la dernière ».
5. O. « si ce n'estoit.... auroit esté portée ».
6. « Que dessus » n'est pas dans A.

ne prendront plus que L livres tournois par an. — Item, Colart de Sens Convers, sa femme et enfans qui prenoient sur nostredit trésor par an CXV livres tournois, ne prendront plus que L livres tournois.

51. *Comment Barbasain et ses compaignons ne prendront plus cinq cens livres tournois qu'ilz avoient chacun an sur le trésor.* — Item, Arnault Guilhem de Barbasain[1], Guillaume Bataille[2] et Clignet de Brabant[3], chevaliers, Archambault de Villiers[4] et Yvon de Katins[5], escuiers, qui prenoient par an sur nostredit trésor V{c} livres tournois, n'en prendront plus aucune chose.

52. — *Comment Lubin Raguier ne prendra plus aucune chose sur le trésor.* — Item, Lubin Raguier[6], qui ou lieu de Mengart[7] prenoit chacun an sur nostredit trésor IIII{xx}XI livres v solz tournois[8], n'en prendra[9] plus aucune chose.

53. *Comment le capitaine du chastel de Creilg ne prendra plus à cause de sa capitainerie V{c} livres tournois.* — Item, avons ordonné et ordonnons que le capitaine du Chastel de Creilg[10], qui prenoit par an IIII{c} livres tournois, n'en

---

1. A. G. de Barbazan, le chevalier sans reproche, né vers 1360 au pays de Bigorre, chambellan de Louis d'Orléans, du duc de Berry, de Charles VI, sénéchal d'Agenois, capitaine de Janville et de Lusignan, tué à Balgnéville, 1430, inhumé à Saint-Denis.

2. G. Bataille, du parti d'Orléans, fait prisonnier à Saint-Cloud, 1415, commande à Saint-Denis, 1417.

3. Pierre de Brehan, dit Clignet, seigneur de Landreville, chevalier, chambellan de Charles VI et du duc d'Orléans, capitaine de 500 h. d'armes et de 50 h. de trait (22 janv. 1413), amiral de France en 1405, remplacé en 1408, mais rétabli en 1413, figura à Azincourt.

4. O. « Villars ».

5. O. « Trarvis ».

6. O. « Ragniers ».

7. O. « Mangart ».

8. O. « LXCVI l. Vs. tour. »; F. « LXCXVI l. cinq sols tourn. »

9. A. donne par erreur « prendront ».

10. Creil, arr. de Senlis, Oise. — O. « Crael ».

prendra plus aucune chose[1] que C livres tournois seulement[2].

54. Comment le capitaine du chastel de Beauquesne ne prendra que LXXV livres tournois par an. — Item, le cappitaine du chastel de Beauquesne[3] qui prenoit par an VI^{xx}V livres ne prendra plus que LXXV livres tournois.

55. Comment le capitaine de Péronne ne prendra que quatrevings livres tournois par an. — Item, le cappitaine de Péronne qui prenoit par an IX^{xx} livres tournois[4], prendra IIII^{xx} livres tournois[5] seulement.

56. Comment le capitaine de Crécy, du Jard ne prendra plus que XL livres par an. — Item, le capitaine de Crécy[6], du Jard lez Rue[7] et du Tiltre[8], qui prenoit par an C livres tournois, prendra par an XL livres tournois tant seulement.

57. Comment le capitaine d'Araines ne prendra que C livres tournois. — Item, le cappitaine d'Araines[9], qui prenoit par an IIe livres tournois, ne prendra que cent livres tournois.

58. Comment le capitaine de Hélicourt ne prendra que cinquante livres tournois. — Item, le cappitaine de Hélicourt[10], qui prenoit par an C livres tournois, ne prendra que L livres tournois.

59. Comment le chastellain de la tour de Sens ne prendra

---

1. O. « n'en prendra doresenavant ».
2. « Seulement » n'est pas dans A.
3. Beauquesne, arr. de Doullens, Somme.
4. O. « CLXXX ».
5. O. « parisis ».
6. Crécy, arr. d'Abbeville, Somme.
7. Rue, arr. d'Abbeville, Somme.
8. Le Tiltre, c^{ne} de Nouvion en Ponthieu, arr. d'Abbeville, Somme.
9. Araines, arr. d'Amiens, Somme.
10. Hélicourt, c^{ne} de Tilloy-Floriville, arr. d'Abbeville, Somme.

plus aucune chose. — Item, le chastellain de la tour de Sens, qui prenoit par an L livres tournois, ne prendra plus aucune chose.

60. *Comment le capitaine de la Villeneufve le Roy ne prendra que quarante livres tournois.* — Item, le chastellain de la Villeneufve le Roy lez Sens[1], qui pren[oi]t par an IIII[xx] livres tournois, ne prendra par an[2] que quarante livres tournois.

61. *Comment le chastellain du chastel de Mascon ne prendra plus aucune chose.* — Item, le chastellain du chastel de Mascon, qui prenoit par an, XXXVI livres x[3] solz tournois, ne prendra aucuns gaiges, et y demourra le bailli sans pour ce prendre aucuns gaiges.

62. *Comment le garde de la sale de Bonneval ne prendra plus que cent solz tournois.* — [Item], la garde de la sale de Bonneval[4], qui prenoit LX livres tournois par an, prendra, pour ce que il n'y fault que ung portier, C solz tournois seulement.

63. *Comment le capitaine du chastel de Tours ne prendra plus que C livres tournois.* — [Item], le cappitaine du chastel de Tours, qui prenoit par an IIII[c] livres tournois, ne prendra que C livres tournois.

64. *Comment le capitaine du chastel de Chasteillon ne prendra plus que C livres tournois.* — [Item], le cappitaine du chastel de Chasteillon sur Loire[5], qui prenoit par an IIII[c] livres tournois, ne prendra que C livres tournois.

65. *Comment le capitaine de Crevecuer en Brie ne prendra*

---

1. Villeneuve-le-Roy, arr. de Joigny, Yonne. — O. « la tour de Villeneuve »
2. « Par an » n'est pas dans A.
3. O. « V ».
4. Bonneval, arr. de Châteaudun, Eure-et-Loir.
5. Chatillon-sur-Loire, arr. de Gien, Loiret. — « Sur Loire » n'est pas dans A.

plus aucuns gaiges. — [Item], le cappitaine de Crèvecuer en Brie [1], qui prenoit par an C livres tournois, n'en prendra plus aucune chose, mais le gardera sans pour ce prendre aucuns gaiges; et s'il ne le veult ainsi faire, on trouvera bien qui le fera.

66. *Comment le chastellain et le portier de Montagu en Champaigne ne prendront plus que L livres tournois.* — [Item], le chastellain de Montagu en Champaigne [2] et le portier illec, qui prenoient par an LXXVIII livres, x solz tournois, prendront L livres tournois seulement.

67. *Comment le capitaine de Bar sur Saine [3] ne prendra que cent livres tournois.* — [Item], le cappitaine du chastel de Bar sur Saine, qui prenoit par an V^c livres tournois, ne prendra que C livres tournois.

68. *Comment le capitaine de Victry ne prendra aucuns gaiges.* — [Item], le cappitaine du chastel de Victry, qui prenoit par an LX livres tournois, ne prendra aucune chose, mais y demourra le bailli, s'il veult, qui le gardera, sans pour ce prendre aucuns gaiges.

69. *Comment le capitaine du pont de Xaintes ne prendra plus que C livres tournois.* — [Item], le cappitaine du pont de Xainctes, qui prenoit par an II^c livres tournois, ne prendra plus que C livres tournois.

70. *Comment le capitaine de Rocheffort en Xantonge ne prendra que C livres tournois par an.* — [Item], le cappitaine du chastel de Rochefort en la seneschaucié de Xantonge, qui prenoit par an CL [4] livres tournois, ne prendra plus que C livres tournois.

---

1. Crévecœur en Brie, arr. de Coulommiers, Seine-et-Marne.
2. Montaigu, c^{ne} de Villiers sur Morin, arr. de Meaux, Seine-et-Marne.
3. A donne « Somme » par erreur.
4. O. « C » livres.

71. [1] *Comment le capitaine du chastel de Rouen ne prendra que C livres tournois.* — [Item], le cappitaine du chastel de Rouen, qui prenoit par an V[c] livres tournois, prendra seulement C livres tournois.

72. *Comment le capitaine de Molyneaulx ne prendra plus riens.* — [Item], le cappitaine du chastel de Molyneaux [2], qui prenoit par an C livres tournois, ne prendra aucune chose, mais le gardera sans en prendre aucuns gaiges, et se il ne le veult ainsi faire, on trouvera bien qui le gardera sans gaiges.

73. *Comment le capitaine d'Avranches ne prendra que cent livres tournois.* — [Item], le cappitaine du chastel d'Avranches qui prenoit par an IIII[c] livres tournois, ne prendra plus que C livres tournois.

74. *Comment le capitaine de Regnierville ne prendra que C livres tournois.* — [Item], le cappitaine du chastel de Regnierville [3], qui prenoit par an IIII[c] livres tournois, ne prendra plus que C livres tournois.

75. *Comment le capitaine de la Roche Tesson ne prendra plus que LX livres tournois.* — [Item], le cappitaine de la Roche Tesson [4], qui prenoit par an C livres tournois, prendra LX livres tournois seulement.

76. *Comment le capitaine du chastel de Nogent le Roy n'aura plus nulz gaiges.* — [Item], le cappitaine du chastel de Nogent le Roy [5], qui prenoit par an C livres tournois, ne prendra plus aucuns gaiges, car il n'y a plus de chastel.

77. *Comment le capitaine du marchié de Meaulx n'aura*

---

1. Les deux articles 71 et 72 sont intervertis dans O.
2. Arr. de Rouen, Seine-Inf[re].
3. Regniéville, arr. de Coutances, Manche. — O. « Regmerville ».
4. La Roche Tesson, c[ne] de la Colombe, arr. de Saint-Lô, Manche.
5. Nogent le Roi, arr. de Chaumont, H[te]-Marne.

que C livres tournois. — [Item], le cappitaine du marchié de
Meaulx, qui prenoit par an des deniers des aides IIᶜ livres
tournois, ne prendra plus ladicte somme sur les aides, mais
prendra doresenavant, à cause de ladicte cappitainerie, sur
la recepte de nostre demaine à Meaulx, C livres tournois
seulement.

78. *Comment le capitaine du Vivier en Brie n'aura que
XL livres tournois.* — [Item], le cappitaine du Vivier en Brie[1],
qui semblablement prenoit sur lesdiz aides par an IIᶜ livres
tournois, ne prendra plus ladicte somme[2], mais prendra à
cause de ladicte cappitainerie, chacun an, sur ladicte recepte
de Meaulx, XL livres tournois tant seulement.

79. *Comment le capitaine du Chastel neuf de Lincourt ne
prendra plus que C livres tournois.* — [Item], la garde du
Chastel neuf de Lincourt[3], qui prenoit sur les aides de
Pontieu IIᶜ livres tournois, ne prendra que cent livres
tournois.

80. *Comment le capitaine de Neaufle n'aura plus que cent
livres tournois.* — [Item], le cappitaine du chastel de
Neaufle[4], qui prenoit par an C livres tournois sur la recepte
de la viconté de Gisors, et C livres tournois sur la recepte
des aides audit lieu, n'en prendra que les aides qu'il prenoit sur ladicte viconté.

81. *Comment le capitaine de Gaillart n'aura plus que
cent livres tournois.* — [Item], le cappitaine du chastel de
Gaillard[5], qui prenoit par an sur ladicte viconté C livres
tournois, et IIIᶜ livres tournois sur les aides à Gisors, ne
prendra que les C livres tournois qu'il prenoit sur ladicte
viconté.

1. Vivier en Brie, cⁿᵉ de Coutevroult, arr. de Meaux, Seine-et-Marne.
2. O. « n'en prendra doresenavant aucune chose ».
3. Lincourt, cⁿᵉ de Flavacourt, arr. de Beauvais, Oise. — O. « l'Incourt ».
4. Neauphle le Château, arr. de Rambouillet, Seine et Oise.
5. Chateau Gaillard, cⁿᵉ et arr. des Andelys, Eure.

82. Le capitaine du chastel de Gisors [1] qui prenoit C livres tournois sur la recepte de ladicte viconté de Gisors, et sur la recepte des aides audit lieu C livres parisis, ne prendra que les C livres tournois, qu'il prenoit sur ladicte viconté [2].

83. *Comment le chastellain de Bayeux n'aura que cent livres tournois.* — [Item], le chastellain de Bayeux, qui prenoit III° livres tournois sur les aides et C livres tournois [3] sur la recepte ordinaire, prendra seulement iceulx C livres tournois, et ne prendra riens sur iceulx aides.

84. *Comment le capitaine de Valoingnes ne prendra plus que cent livres tournois.* —[Item], le cappitaine de Valoingnes, qui prenoit par an sur la recepte de la viconté de Coustances IIII° livres tournois, et II° livres tournois sur les aides, prendra C livres tournois sur ladicte viconté seulement.

85. *Comment le Roy ordonne que touz autres capitaines ou chastellains ne prendront que les gaiges anciens, sinon aucuns par manière de provision.* — Item, voulons et ordonnons que généralment tous noz autres cappitaines, chastellains ou gardes quelzconques de noz chasteaulx, villes ou maisons, ne prendront doresenavant que les gaiges anciens et acoustumez, et que à ceste fin soient veuz les registres de nostre Chambre des comptes; et pour ce que de noz villes et chasteaulx en y a aucuns assis en frontière, qui requièrent grant garde et provision, nous avons ordonné et ordonnons que sur ce les gens de noz comptes, appellez avecques eulx des chevaliers et escuiers et autres gens congnoissans en ce, auront advis et arbitreront et tauxeront par manière de provision, aux cappitaines, chastellains et gardes d'iceulx chasteaulx, telz gaiges, qu'il appartendra, et pour tel temps que bon leur semblera; et defendons très expressément à tous iceulx cappitaines et

---

1. Gisors, arr. des Andelys, Eure.
2. Cet article manque dans A.
3. O. « frans ».

à chacun d'eulx, que oultre et par dessus la tauxacion de nosdictes gens des comptes, en oultre leurs gaiges ordinaires, ne prengnent ou procurent prendre de nous à cause de leursdictes cappitaineries autres proufiz, et à tous noz receveurs que aucune chose, oultre ce que dit est, ne leur payent, sur peine de recouvrer sur eulx ou leurs hoirs tout ce que prins et payé en auroit esté par eulx[1].

86. *Comment quelconque capitaine ou chastellain n'aura de gaiges par an que C livres parisis ou tournois, sinon aucuns par manière de provision.* — Item, voulons et ordonnons que se en aucuns de noz chasteaulx, villes ou maisons, a cappitaines, gardes ou chastellains, qui n'ayent gaiges ordonnez d'ancienneté, enregistrez en nostre Chambre des comptes, que les chastellains ou cappitaines d'iceulx ne prengnent de nous doresenavant pour gaiges plus de C livres parisis en pays de parisis, et de C livres tournois en pays de tournois, se n'estoient villes ou chasteaulx en frontières ou périlleuses à garder, desquelz sera fait comme en l'article précédent, et s'aucun prent plus grans gaiges que dit est, ou qui ne lui seront tauxez, nous voulons qu'ilz soient recouvrez sur lui ou sur ses héritiers comme en l'article précédent est dit.

87. *Comment nul officier ou autre ne puisse tenir que une capitainerie seulement.* — Item, pour ce aussi que pluseurs de noz officiers et autres ont obtenu de nous par inadvertance, importunité ou autrement, pluseurs cappitaineries, dont ilz ne pourroient deuement desservir au proufit de nous et de noz subgiez que l'une d'icelles, pourquoy pluseurs inconveniens s'en pourroient ensuir à nous et à la chose publique, nous avons ordonné et ordonnons que quelzconques soient officiers ou autres ne puissent doresenavant tenir que une desdictes cappitaineries, et ou cas que par importunité ou autrement ilz en tendroient[2] pluseurs, nous les déclairons

---

1. Pour les capitaineries, voir A. Coville, *les Cabochiens*, 80, 291.
2. O. « obtiendroyent ».

dès maintenant estre impétrables, excepté l'une d'icelles, et s'aucun faisoit le contraire, nous voulons que tout ce qu'il en auroit ou recevroit, en quelconque manière que ce feust, soit recouvré sur lui ou sur ses hoirs.

88. *Comment le Roy ordonne que ses officiers ou autres qui seront envoiez en ambaxades, n'ayent gaiges, sinon selon la taxacion du chancellier de France.* — Item, pour ce que pluseurs noz conseilliers, chevaliers, escuiers, et autres officiers, quant nous les envoyons en aucuns voyaiges ou messaigeries, nous demandent et prennent de nous plus grans[1] taxacions et gaiges pour jour qu'il n'appartient à leurs estas et offices et qu'il n'a esté acoustumée du temps de noz prédécesseurs, nous voulons et ordonnons que doresenavant aucuns de noz officiers ou autres, de quelque estat qu'ilz soient, ne prengnent plus grans gaiges ou taxacions que aux estas et offices d'eulx appartient, et selon la qualité de la besoingne pour laquele ilz seront envoiez ; lesquelz gaiges nous voulons estre tauxez et arbitrez par nostre chancellier, appellez avecques lui des gens de nostre conseil et des comptes, tant et en tel nombre et d'estat comme bon lui semblera[2].

89. *Comment le Roy, en entretenant le serement par lui fait en son sacre, révoque, rappelle et meet au néant tous dons qui faiz ont esté de son demaine à quelzconques personnes.* — Item, comme par inadvertance, importunité de requérans ou autrement, nous ayons donné à pluseurs seigneurs et autres aucunes seigneuries, terres, possessions, justices, rentes, revenues et autres choses qui estoient de nostre demaine et à la charge d'icellui, les aucunes à héritaige, les autres à vie, les autres à temps et les autres à voulenté, parquoy nous nous sommes apperceuz que les droiz tant de nostre couronne comme de nostre demaine sont grandement diminuez et appeticiez par tout nostre royaume et pourroient

plus estre ou temps advenir, si pourveu n'y estoit, nous,
considérans ce que dit est, et comment pluseurs de noz
prédécesseurs Roys de France ont acreu, tenu et gardé
ensemble et entiers nostredit demaine et les droiz de nostre
couronne sans iceulx aliéner, diminuer ne departir, sinon
quant aucune chose en a esté baillée par appanage à
aucuns des hoirs masles de France, attendans aussi que
nous en nostre sacre et noz prédécesseurs avons juré et
promis garder et tenir[1] les droiz de nostredicte couronne
et nostredict demaine entiers, sans les aliéner, donner ne
départir, comme que ce feust, et recouvrer, rajoindre et
reaunir ce qui en seroit aliéné, et en ensuivant comme raison
est les bonnes ordonnances de nosdiz prédécesseurs et par
espécial de celles que feux noz très chiers seigneurs ayeul
et père, que Dieu pardoint, firent à la conservacion de
nostredit demaine, voulans[2] en ceste partie garder nostre
dit serement comme faire devons, avons ordonné et ordonnons que doresenavant pour quelconque cause que ce soit,
ne à quelque personne de quelque auctorité ou prééminence
que elle soit ou use, nous ne ferons aucuns telz dons ou
aliénacions, tant au regart du demaine que nous avons à
présent comme de cellui qui nous appartendra ou temps
advenir et que escheoir et venir nous pourra par dons,
par achatz ou acquisicions faictes ou à faire, par succes-
sions, forfaictures, confiscacions ou autrement, en quelque
manière que ce soit ou puist estre ; et se, par inadvertance, importunité de requérans ou autrement, nous en faisions aucuns ou aucunes, dès maintenant pour lors nous les
discernons estre de nulle valeur, et ne les voulons[3] sortir
aucun effect, mais voulons que se aucuns en avoient eu
aucune chose à leur prouffit, que tout ce feust et soit
recouvré sur eulx ou sur leurs hoirs ; et en oultre, de
nostre certaine science, plaine puissance et auctorité royal,
tous telz dons comme dessus est dit, par nous faiz ou temps

---

1. « Et tenir » n'est pas dans A.
2. O. « voulons ».
3. O. « veult ».

passé à quelque personne que ce soit de nostre sang ou autre, avons révoqué, rappellé et adnullé, révoquons, rappellons et adnullons du tout par ces présentes, soubz les modificacions cy dessus déclairées en pluseurs articles et exceptées les terres, seigneuries et possessions qui par appannaiges auroient esté baillées comme dessus est dit ; et s'il y a aucuns qui de fait ou sans tiltre raisonnable tiennent aucunes justices, terres, seigneuries et possessions de nostredit demaine, nous voulons et ordonnons que elles soient recouvrées sur eulx par toutes les meilleures voyes et manières que faire se pourra[1].

DES MONNOYES.

90. *Comment le Roy ordonne qu'il n'y aura plus que quatre generaulx maistres des monnoyes aux gaiges anciens, qui seront esleuz, et pareillement les essayeurs, etc.* — Item, nous avons ordonné et ordonnons que sur le fait de noz monnoyes aura seulement quatre generaulx maistres ainsi que d'ancienneté a esté acoustumé, qui auront seulement leurs gaiges ordinaires et anciens[2] ; et quant aucun des lieux desdiz quatre maistre vacquera, ou qu'il sera nécessité[3] de pourveoir à l'un desdiz offices, nostredit chancellier, appellez des gens de nostre grant conseil, des gens de noz comptes et lesdiz maistres des monnoyes, y pourverra par bonne esleccion, comme il appartendra, et par noz lettres ; et pareillement sera fait des gardes, contre-gardes, tailleurs et essayeurs de nosdictes monnoyes[4], quant ilz vacqueront, ou qu'il sera nécessité de pourveoir ausdiz offices ; et s'aucun entre oudit office, oultre ledit nombre

1. 1402, 28 *février* (O. *VIII*, 484). — Voir Vuitry, *Etudes sur le régime financier*, 2ᵉ série, I, 414, et A. Coville, *les Cabochiens*, 38.

2. 1408, 7 *janvier*, *art.* 19 (O. IX, 285). — Voir Vuitry, *Etudes sur le régime financier*, 2ᵉ série, II, 345, et A. Coville, *les Cabochiens*, 247.

3. O. « nécessaire ».

4. Vuitry, *Etudes sur le régime financier de la France*, 2ᵉ série, II, 356.

ou par autre manière, que celle que dit est, tous les
prouffiz qu'il en aura receuz, en quelque manière que ce
soit, seront recouvrez sur luy ou sur ses hoirs, et dès
maintenant pour lors, le repputons[1] inhabile à tous offices
royaulx.

91. *Comment le Roy ordonne que le blans de X deniers
tournois et de V deniers tournois pièce ayent leurs cours
audit pris, sans plus en estre forgié.* — Item, comme par la
grief complainte de pluseurs noz subgiez, nous avons
entendu que nostre peuple a esté moult opprimé et grevé,
en ce que noz monnoyes, et mesmement les blans de dix
deniers tournois pièce et les blans de cinq deniers tournois
pièce[2] ont esté puis aucun temps en ça affoibliz, nous, voulans à ce p   veoir en la faveur et pour l'utilité de nostredit peuple, avons ordonné et ordonnons ce qui s'ensuit :

Premièrement, que d'iceulx blans de X deniers et de
V deniers tournois pièce, ne seront doresenavant aucuns
faiz ne forgiez en nostre royaume, et defendons très expressement à tous les maistres de noz monnoyes et autres noz
officiers à qui ce appartendra, sur les seremens et loyaultez
qu'ilz ont à nous, sur peine d'estre repputez pour parjures
et de autrement estre pugniz comme le cas le requerra[3], que
plus n'en forgent ne facent forgier aucuns ; et néantmoins
voulons et ordonnons que iceulx blans de X deniers et de
V deniers tournois[4] pièce ayent au pris dessusdit leur cours,
sans plus en faire de nouveaulx, comme dit est.

92. *Comment le Roy ordonne que il soit forgié monnoye
nouvelle de gros, demy gros et quars de gros qui auront cours
pour XX deniers tournois, X deniers tournois, et V deniers
tournois pièce.* — Item, ordonnons que de nouvel nous ferons
faire une autre bonne et belle espèce de monnoye blanche

---

1. O. « deputons ».
2. Voir de Wailly, *Mémoire sur les variations de la livre tournois*, N.
(*Mém. de l'Académie des Inscr. et Belles Lettres*, t. XXI).
3. O. « requiert ».
4. O. « parisis ».

XXIX°, qui sera de bon argent et de bon aloy, c'est assavoir
à XI deniers XVI grains argent le Roy, deux grains de
remède, de quoy seront[1] faiz gros, demis gros et quars de
gros d'argent[2] de la condicion devant dicte, qui auront cours
avecques la monnoye dessusdicte, c'est assavoir iceulx gros
pour XX deniers tournois pièce, et lesdiz demis gros pour
X deniers tournois pièce, et lesdiz quars de gros pour cinq
deniers tournois pièce[3].

93. *Comment le Roy deffent que en touz contracts et
marchiez ne soit faicte paccion ne marchié plus en l'une
monnoye que en l'autre.* — Item, pour obvier aux frauldes et
malices qui se pourroient commectre entre noz subgiez ou
temps advenir ès contracts et marchiez qu'ilz auront à faire
les ungs avecques les autres, par lesquelx ilz se vouldroient
pourveoir d'estre payez en certaines espèces de nosdictes
monnoyes blanches, nous avons deffendu et defendons à
tous nosdiz subgiez, que en leurs contracts ou marchiez, ilz
ne facent paccions ne convenances d'estre paiez plus en
l'une de nosdictes monnoyes blanches que en l'autre, et ne
facent difficulté aucune de prendre aussi bien l'une comme
l'autre sur peine d'amende arbitraire[4].

94. *Comment le Roy ordonne que autres monnoyes que
les siennes ne auront cours ou royaume de France.* — Item,
pour ce que par le moyen des estranges monnoyes que l'en
prent communément en nostredit royaume, noz monnoyes
ont esté et sont moult diminuées, ou très grant dommaige
de nous et de nostre peuple, nous avons ordonné et ordonnons que doresenavant aucunes autres monnoyes que les
nostres n'auroient cours en nostredit royaume, et ce que
dit est voulons et commandons estre tenu, gardé et observé

---

1. O. « seroit ».
2. « D'argent » n'est pas dans A.
3. La fin, depuis « et lediz quars... » manque dans O. — Voir un mandement pour la fabrication des nouvelles espèces, du 7 juin 1413, O., X, 150.
4. « Sur peine d'amende arbitraire » n'est pas dans A.

sans fraulde[1], selon le contenu en noz anciennes ordonnances sur ce faictes, lesquelles nous voulons et mandons estre exécutéez par les maistres de nosdictes monnoyes, les officiers d'icelles, et autres noz officiers à qui ce appartendra, en tous leurs points, selon leur forme et teneur.

DES AYDES [2].

95. *Comment pour les deniers des aydes recevoir, garder et distribuer, le Roy aura seulement ung receveur général et un contreroleur aux gaiges acoustumez.* — Item, ordonnons que pour recevoir et mectre ensemble, garder et distribuer par l'ordonnance desdiz commis ou à commectre au gouvernement de toutes noz finances, tant de nostre demaine comme des aides, tous les deniers desdiz aides, tant de nosdiz pays de Languedoil comme de Languedoc, nous aurons ung receveur général et ung contreroleur seulement, aux gaiges acoustumez, qui à ce seront esleuz par la manière contenue ou premier article de ces présentes ordonnances; et se aucun se boutoit esdiz offices oultre le nombre ou par autre voye ou manière que dessus est dit et déclairié, dès maintenant nous le réputons inhabille à tous offices royaulx, et si encourra en la peine declairée oudit article.

96. *Comment le receveur général des aides sera tenu [de apporter] ou envoyer de deux moys en deux moys l'estat de sa recepte et despence en la Chambre des Comptes.* — Item, voulons et ordonnons que doresenavant de deux moys en deux moys, le receveur général de nosdiz aides sera tenu de apporter et envoyer son estat entièrement, tant en recepte comme en despence, pardevers les gens de nosdiz comptes,

---

1. O. « Sans enfraindre ».
2. Ce titre n'est pas dans A.

en la forme et tout ainsi comme le changeur et receveur de nostre trésor doit apporter le sien de moys en moys[1].

97. *Comment le Roy veult que tout ainsi comme il a fait son ordonnance en pluseurs articles de son demaine, il soit pareillement fait de sesai des.* — Item, pareillement, comme nous avons pourveu et ordonné à chacune des particularitez des choses contenues ès VIII°, IX°, X°, XI° XII° et XVII° articles cy dessus posez et articulez, sur le fait du gouvernement de nostre demaine, faisans mencion des ordonnances par nous faictes sur la manière de la closture des comptes touchans le fait de nostre trésor et de nostre demaine, et que noz gens des comptes facent par chacun moys savoir aux commis ou à commectre sur le gouvernement de toutes noz finances, aux[2] changeur ou[3] receveur général et contreroleur de nostredit trésor, les restes des comptes des receveurs et vicontes de nostredit demaine, et que elles soient incontinent exécutées; et oultre, que les vicontes, receveurs et autres officiers qui se meslent ou mesleront des receptes de nostredit demaine, comptent chacun an, et que aucun non ayant office de recepte, qui autres foiz s'en seroit meslé[4] ou entremis[5], ne soit jamais receu à quelconque office de recepte, se préalablement il n'avoit rendu tous les comptes des receptes dont il se seroit entremis et soy affiné du tout en nostredicte Chambre des comptes par la forme et manière contenue esdiz articles, nous aussi voulons et ordonnons que ainsi soit fait, gardé, observé et exécuté en tout et partout au regart du fait de noz aides, et aussi au regart du trésorier des guerres, dudit receveur général, contreroleur et autres officiers de nosdiz aydes à qui ce touchera et devra touchier.

98. *Comment le Roy ordonne que pour le fait de sa*

---

1. 1376, 6 décembre (O. V, 643).
2. O. « d'eux ».
3. O. « et ».
4. O. « s'estoit meslé ».
5. O. « autrement ».

justice des aydes aura ung président et deux conseilliers avec ung greffier, qui ne prendront nulz dons de personne fors leurs gaiges et menuz droiz et prouffiz. — Item, pour tout le fait de la justice des aydes [1] de noz pays de Languedoil, aura doresenavant seulement ung président à gaiges de V⁰ livres tournois par an, et avecques lui deux conseilliers notables, saiges et expers ou fait de justice, à gaiges chacun de III⁰ livres tournois [2] par an, avecques les menuz droiz à ce acoustumez, pour toutes choses et sans quelzconques dons ; lesquelz se feront par bonne eslection en nostre Chambre des comptes par nostre amé et féal chancellier, appelez avecques lui des gens de nostre grant conseil ; et lesquelz pour avoir conseil, se ilz en ont besoing, pour aucuns grans cas se ilz leur surviennent, pourront avoir recours à autres de noz conseilliers de nostre Parlement ; et auront nosdiz conseilliers tant seulement ung greffier pour enregistrer les plaidoyeries et faire les escriptures appartenans à leur auditoire, et en son absence, ou quant ledit greffier sera empeschié par nostre ordonnance ou celle de nosdiz conseillers, ung de noz autres notaires pourra excercer l'office de greffe par l'ordonnance de nosdiz conseilliers, sans avoir à cause de ce aucuns gaiges ou prouffiz sur nous, autres que ceulx qu'il auroit acoustumé de prendre; et s'il advenoit que aucun se ingerast à entrer esdiz offices, ou l'un d'eulx oultre le nombre ne par autre manière que cy dessus est devisé, dès maintenant pour lors nous le privons dudit office et le repputons inhabille à icellui et à tous autres offices royaulx, et si sera recouvré sur lui ou sur ses héritiers tout le prouffit qu'il en auroit receu [3].

99. *Comment le Roy ordonne trois conseilliers pour visiter les procez sur le fait des aydes à certains gaiges.* — Item, nous

---

1. « Des aydes » n'est pas dans A.
2. O. « Parisis ».
3. Voir Dionis, *Mémoire pour servir à l'histoire de la cour des aides* (1791), 75, 91, etc. et A. Coville, *les Cabochiens*, 48.

avons ordonné et ordonnons que pour visiter, conseillier,
rapporter et aidier à jugier les procès agitez en la court et
auditoire desdiz commis sur le fait de ladicte justice, nous
n'aurons que trois conseilliers, qui auront de gaiges, c'est
assavoir chacun C livres tournois [1] par an et non plus ; lesquelz seront prins par bonne esleccion en nostre Chambre des
comptes par nostre amé et féal chancellier, appellez avecques
lui des gens de nostre grant conseil, et lesquelz pour avoir
conseil, se ilz en ont besoing pour aucuns grans cas, se ilz
leur surviennent, pourront avoir recours et advis à autres [2]
conseilliers de nostre court de Parlement.

100. *Comment le Roy ordonne que les amendes de la
court des généraulx seront receues par receveurs particuliers,
sans plus avoir receveur général d'icelles.* — Item, pour ce
que nous sommes deuement informez qu'il n'est aucune
nécessité que en l'auditoire des généraulx ou commis au
gouvernement de la justice de nosdiz aides, nous ayons
receveur particulier pour recevoir les amendes et exploiz
d'icelle court, mesmement que icellui receveur à cause de
ce a acoustumé de prendre et avoir par chacun an gaiges
et dons de nous, nous avons ordonné et ordonnons que
doresenavant nous n'aurons à cause de ce audit auditoire
aucun receveur particulier, mais seront les amendes et
exploiz qui nous escherront en icelle court, receuz par
nostre receveur général desdiz aides à Paris, et que icelles
amendes et exploiz lui seront baillées de deux moys en deux
moys en ung roolle par lesdiz généraulx ou commis, soubz [3]
leurs signez et soubz le seing manuel de leurdit clerc ou
greffier ; et quant aux enchières [4], doublemens et tiercoiemens [5] qui doresenavant se feront par devant et en l'audi-

---

1. O. « Parisis ».
2. O. « aucuns ».
3. O. « sur ».
4. O. « enchierissemens ».
5. O. « tiercoyennes et doublemens ». — Le *tierçoiment* ou *tiercement* « est
une enchère qui augmente du tiers le prix de la vente et fait le quart du total ;
et le *doublement*, demi-tiercement est une autre enchère sur le tiercement qui

toire desdiz généraulx ou commis sur la justice desdiz aydes, lesquelz ledit receveur particulier avoit acoustumé de recevoir, nous avons ordonné et[1] ordonnons que icelles enchières, tiercoyennes[2] et doublemens, qui pour le temps advenir escherront oudit auditoire, seront par lesdiz généraulx ou commis renvoyez ausdiz receveurs particuliers sous les receptes desquelz ceulx qui auroient mis lesdictes enchières, doublemens ou tiercoyemens sur aucunes fermes, seront[3] demourens[4], pour estre par eulx receuz à nostre prouffit, et en faire recepte et despence en leurs comptes; et se aucun se boutoit oudit office de recepte particulière ou impétroit icellui, nous dès maintenant pour lors le repputons inhabille à icellui et à tous autres[5] offices royaulx, et si voulons que tous les prouffiz qu'ilz auront prins à cause de ce feussent ou soient recouvrez sur lui ou sur ses hoirs.

101. *Comment le Roy ordonne que à Paris aura trois esleuz laiz et ung clerc sur le fait des aides, qui seront esleuz, etc.* — Item, ordonnons que doresenavant n'aura à Paris sur le fait de noz aides que troiz esleuz laiz, et ung sur le fait du clergié, qui à ce seront esleuz par la manière contenue en l'article faisant mencion des conseilliers ordonnez sur le fait de la justice, et auront leurs gaiges et droiz acoustumez tant seulement, excepté ledit esleu sur le fait du clergié, qui aura seulement C livres tournois de gaiges par an et non plus; et s'aucun se ingéroit de impétrer l'office de esleccion à Paris oultre le nombre dessus dit, ou procuroit aucune chose au contraire du contenu de cest présent article, nous, dès maintenant le repputons inha-

---

est de la moitié du tiers; en sorte que si le prix de l'adjudication est de 1,500 l., le tiercement sera de 500 l., et le demi-tiercement de 250 l. ce qui fait la moitié du prix principal de l'adjudication ». O. X., 80. — Voir Vuitry, *Études sur le régime financier de la France*, 2ᵉ série, II, 150.

1. « Avons ordonné et... » n'est pas dans A.
2. O. « icelles en chacune tiercoyennes ».
3. « Seront » n'est pas dans A.
4. O. « demourées ».
5. « Autres » n'est pas dans A.

bille à tous offices royaulx, et si voulons que sur lui ou sur ses héritiers seront recouvrez tous les prouffiz qu'il en auroit euz et perceuz[1].

102. *Comment le Roy ordonne que en toutes autres eslec-cions n'aura que deux esleuz et ung sur le clergié, où il appartendra, et ung receveur sans dons, etc., et semblable-ment les grenetiers et contreroleurs.* — Item, en chacune des autres bonnes villes de nostre royaume et autres lieux où il a acoustumé de avoir siège d'esleccion, où il a plus de deux esleuz, doresenavant n'en aura que deux avecques cellui dudit clergié, ès lieux où ledit esleu sur ledit clergié a acoustumé de estre[2], et ung receveur seulement, lesquelz auront leurs gaiges et droiz acoustumez tant seulement et sans dons; et afin que le fait desdictes esleccions et receptes soit mieulx et plus seurement gouverné, lesdiz esleuz seront prins et faiz de bonnes personnes riches et preudommes des lieux où ilz seront faiz et esleuz, congnoissans en fait de justice, et réduiz et ramenez, tant à Paris comme hors, au nombre dessus déclairié, et par l'ordonnance de noz gens des comptes et desdiz commis[3], et semblablement sera fait des receveurs, grenetiers et contreroleurs, et seront tenus lesdiz esleuz, receveurs, grenetiers et contreroleurs faire résidence conti-nuele en leurs personnes et sur leurs offices, sur peine d'en estre privez[4]; et entreront lesdiz esleuz en leur audience[5] à heure convenable et plus tost qu'ilz n'ont acoustumé; et pour ce que pour les baulx des fermes ou autres causes nécessaires il convendra aucunes fois absenter lesdiz esleuz, iceulx esleuz[6] en ce cas pourront commectre en leurs

---

1. 1401, *7 janvier, art.* 5 (*O. VIII*, 413); — 1408, *7 janvier, art.* 3 (*O. IX*, 282).
2. Voir *Arch. Nat.* K. 53, 28 : Lettres de Charles VI, par lesquelles, de l'avis des commissaires du pape, il adjoint dans chaque diocèse aux élus des aides pour la guerre un élu clerc, afin de contraindre les gens d'Eglise à con-tribuer aux aides. (18 août 1383.)
3. « Et desdiz commis » n'est pas dans A.
4. O. « punis ».
5. O. « auditoire ».
6. O. « Iceulz esleuz » n'est pas dans A.

lieux pour la délivrance des causes de leur auditoire
aucunes personnes bons, souffisans et expers[1] en fait de
justice; et oultre[2] s'il y a aucuns esleuz, receveurs[3], grenetiers ou contreroleurs qui ne soyent souffisans, nous
voulons que tantost et hastivement y soit pourveu d'autres
par l'advis et ordonnance des dessus diz; et se aucun se
boutoit en aucuns desdiz offices, oultre ledit nombre, ne
autrement ou[4] par autre manière que cy-dessus est déclairié,
nous dès maintenant pour lors le repputons pour inhabille
à icellui et à tous noz autres offices royaulx, et si voulons
que tous les prouffiz qu'ilz auront prins et receuz à cause de
ce feussent et soient recouvrez sur lui ou sur ses hoirs,
comme il est contenu ou[5] prouchain précédent article[6].

103. *Comment le Roy ordonne que par les généraux et
esleuz soit faicte briefve expédicion de tous les procès pendans devant eux.* — Item, pour ce que nous sommes advertiz
que le fait de noz aides est moult diminué parceque les esleuz
sur ledit fait en nostre royaume ont acoustumé de tenir,
et de fait tiennent les poures et menues gens et autres en
grans involucions de procès, à la requeste des fermiers desdiz
aides, en quoy nostre poure peuple est moult fatigué et
grevé, tant en despens et salaires de advocaz, de commissaires et de sergens, comme par le moyen du délaissement
de leurs labours et besoingnes, nous avons voulu et ordonné,
voulons et ordonnons que doresenavant lesdiz esleuz tant en
noz pays de Languedoil comme de Languedoc, en tous cas,
causes et procès touchans le fait de nosdiz aides et leurs
deppendences qui seront ventilez, introduiz et agitez par

---

1. O. « bonnes et souffisans et bien expers ».
2. « Oultre » n'est pas dans A.
3. « Receveurs » n'est pas dans A.
4. « Ou » n'est pas dans A.
5. O. « comme dit est en l'autre ».
6. 1401, 7 *janvier, art.* 6 (*O. VIII*, 413); — 1408, 8 *janvier, art.* 4, (*O. IX*,
282). — Voir Vuitry, *Etudes sur le régime financier,* 2ᵉ série, II, 144, et
A. Coville, *les Cabochiens,* 237.

devant eulx et en leur auditoire, procèdent et facent procéder
les parties qui auront à besoingner par devant eulx le plus
sommèrement et de plain que faire se pourra, et leur facent
brièfve expédicion, sans involucion de grans procès, et
sans souffrir nostre menu peuple estre fatigué, mengié,
robé, ne ainsi vexé ne travaillié comme il a esté le temps
passé, par tele manière de sergens, commis et autres mengeurs [1], comme cy dessus est récité, et ce leur enjoingnons
sur peine de privacion de leurs offices, et sur leurs seremens
et loyaultez qu'ilz ont à nous, et pareilles deffenses, ordonnances et commandemens faisons à noz généraulx commis
sur le fait de la justice de nosdiz aides.

104. *Comment tous adjournemens et exploiz seront faiz
par les sergens ordinaires et non autres, sinon en cas nécessaire.* — Item, pour obvier aux grans vexacions, travaulx,
mengeries et pilleries que ont faictes [2] ou temps passé les
commis et sergens extraordinaires à ce ordonnez pour le fait
de nosdiz aides sur nostre poure peuple, nous avons ordonné
et ordonnons que doresenavant tous adjournemens, exécu-
cions et autres exploiz quelzconques, qui seront à faire en
chacune des esleccions de nostre royaume pour le fait de
nosdiz aydes, sur et contre quelconque personne que ce
soit, seront faiz par les [3] sergens ordinaires des seneschauciés et bailliaiges, esquelz lesdictes esleccions seront
situées et assises, et non plus par les sergens ou commis
extraordinaires, lesquelx nous revoquons, rappellons et
adnullons du tout, se ce n'estoit en cas de nécessité, ou que
noz sergens ordinaires desdiz lieux ne souffisissent à faire
lesdiz exploiz, ouquel cas nous voulons et ordonnons que
à ce soit pourveu et remédié briefment par les esleuz

---

1. « *Mangeurs*, c'estoient des gens ordonnés et envoyés par les juges en
garnison pour contraindre un obligé au payement de son dû, ou un condamné
à souffrir l'exécution d'un arret ou d'un mandement; et jusqu'à ce qu'il eut
satisfait, ils vivoient dans sa maison et en ses biens à ses dépens ». O. X. 139.

2. O. « qui ont esté faictes ».

3. O. « noz ».

desdiz lieux, appellez à ce noz advocas, procureurs et autres gens de conseil du pays, en la meilleur manière et modéracion, et en la mendre charge de nostredit peuple que faire se pourra.

105. *Comment aucuns deniers ne seront paiez par les receveurs par vertu de lectres privées des trésoriers, sur peines, etc.* — Item, avons défendu et défendons aux commis sur le gouvernement de toutes nosdictes finances que ilz ne partent ou divisent entre eulx les pays de nostre royaume en prenant chacun une contrée soubz[1] son gouvernement, ainsi comme les généraulx sur le fait desdiz aides leurs prédecesseurs avoient aucunes foiz fait ou temps passé; avec ce leurs defendons que ilz ne reçoivent aucuns deniers des receveurs tant général comme particuliers de nostredit royaume par leurs lettres privées[2]; deffendons aussi à iceulx receveurs général et particuliers que ilz ne baillent aucuns deniers de leurs receptes ausdiz commis sur leursdictes lettres privées, ne autrement[3] que par la main dudit receveur général[4], sur peine à eulx tous et à chacun d'eulx d'estre pour ce grifement pugnis, se ilz font le contraire, et d'estre recouvré sur eulx ou sur leurs hoirs tout ce que autrement en auroient receu ou baillé[5].

106. *Comment le Roy deffent que pour dons, gaiges ou pencions ne soient levées descharges sur les aides, et pour autres causes en soient levées le moins que faire se pourra.* — Item, deffendons très expressément que doresenavant aucunes descharges ne soient levées pour dons, pour gaiges ne pour pensions; deffendons aussi que aucuns mandemens ne se lièvent sur autres receveurs ou grenetiers particuliers pour les trois causes dessusdictes, c'est assavoir dons,

---

1. O. « sur ».
2. O. « patentes ».
3. « Général » n'est pas dans A.
4. O. « aucunement ».
5. 1401, 7 *janvier, art.* 7 (*O. VIII,* 414.); — 1408, 7 *janvier, art.* 5 (*O. IX,* 283).

gaiges et pencions; et au regart d'autres choses, nous ordonnons que tout le moins que faire se pourra descharges soient levées doresenavant, et commandons très expressément ausdiz commis que à ce ilz tiennent la main très ettroittement; avecques ce leur commandons très espécialment[1] que, se pour le temps avenir aucunes descharges estoient ou sont levées, que forméement elles contiengnent la vérité, la cause et pour quele personne elles seroient ainsi levées, et que elles soient faictes selon le mandement sur ce fait ou donné, et oultre que icelles descharges ne soient employées ne alouées ailleurs ne pour autres causes que pour celles contenues oudit mandement; et ce que dit est enjoingnons très expressément, tant ausdiz commis comme aux gens de noz comptes et tous autres à qui la chose touchera, sur peine d'encourir envers nous en amende arbitraire et d'estre privez et deboutez de tous estas et offices royaulx.

107. *Comment le Roy deffent descharges estre levées sinon par assignacions et par deniers comptans.* — Item, deffendons pareillement ausdiz commis et receveurs présens et advenir, que ilz ne lièvent ou baillent aucunes descharges sur aucuns receveurs particuliers ne sur aucuns grenetiers, pour quelque cause que ce soit, se[2] icellui receveur général ne reçoit premièrement les deniers que se monteront lesdictes descharges, ou se ce n'est par assignacion faicte par lesdiz commis par vertu de noz lettres de mandement et par la manière devantdicte, lesquelles icellui receveur général prendra[3] par devers lui promptement et avant toute œuvre pour sa descharge, avecques quictance de cellui pour qui la dicte descharge sera faicte; et ou cas que iceulx[4] commis et receveur ou l'un d'eulx feront le contraire que ce que dit est, nous voulons qu'ilz en soient griefment pugniz par bonne justice, et que sur eulx ou leurs hoirs soit recou-

---

1. O. « expressément ».
2. O. « et ».
3. O. « présentera ».
4. O. « iceluy ».

vré tout ce que autrement que par la manière que dit est en
auroient baillé [1].

108. *Encores de ce mesmes et pour les hostelz de la
Royne et du daulphin de Viennoys.* — Item, afin qu'il soit
obvié et pourveu à pluseurs inconveniens qui sont survenuz
ou temps passé, comme entendu avons, par le moyen de
pluseurs deschargos que nous avons aucunes fois commandées, par lesquelles nous, nostre très chière et très amée
compaigne la Royne, nostre très chier et très amé ainsné filz
Loys duc de Guienne, daulphin de Viennois [2], ou l'un [3] et
chacun de nous avons souventesfoiz confessé avoir receu
comptants de pluseurs receveurs, trésoriers et autres gens
qui se sont entremis et entremectent de noz finances et des
leur et tant des deniers de nostre demaine comme desdiz
aides, pluseurs grans et grosses sommes de deniers, lesquelles ont esté baillées et distribuées soubz umbre d'icelles
descharges autrement que à point, ou très grant dommaige
de nous et de eulx, mesmement que celles [4] choses ne
venoient pas à congnoissance ne plus que souvent à nostre
prouffit ne au leur, nous avons ordonné et ordonnons que
doresenavant aucuns mandemens par manière de deschargos
de deniers comptans receuz par nous ou eulx, ne se feront,
et defendons très expressément à nostre chancellier présent
et advenir que, se par importunité de requérans, inadvertance ou autrement, aucuns en estoient par nous octroyez,
que aucuns il n'en séelle, à tous noz secrétaires et à
chacun d'eulx que aucuns ilz n'en signent, aux gens de
nosdiz comptes que aucuns ilz n'en allouent; et ce que
dit est, leur enjoingnons le plus que faire povons, sur les
seremens et loyaultez qu'ilz ont à nous, et se aucun, soubz
umbre de telz mandemens ou deschargos avoit eu ou prins

---

1. 1401, 7 *janviér, art.* 8 *(O. VIII,* 414); — 1408, 7 *janvier, art.* 6 *(O. IX,*
252).
2. O. « Vienne ».
3. O. « luy ».
4. O. « telles ».

de nous ou de eulx ou d'aucun[1] d'eulx aucune somme d'argent, nous voulons que elle soit recouvrée sur lui ou ses hoirs à nostre prouffit, et que autrement il soit pugny comme il appartendra selon le cas[2].

109. *Encores de ce mesmes pour l'ostel du Roy et le fait de son argenterie.* — Item, pour ce que rapporté nous a esté que, comme aucunes foiz nous avons ordonné aucune somme d'argent estre levée sur les aides ou sur nostre demaine pour aucune cause particulière, comme pour la despence de nostre hostel, le fait de nostre argenterie ou de noz garnisons, pour assignacions faictes à ceulx de nostre sang et lignaige, ou pour autre cause particulière, les généraulx et trésoriers du temps passé aucunes foiz (ıouvent soubz umbre desdictes causes particulières, on . fait lever sur les receveurs particuliers, par descharge[3] du receveur général de nostre trésor ou autrement, trop plus grant somme d'argent que par nous n'avoit esté ordonné estre levée pour la cause pour laquelle lesdiz généraulx et trésoriers faisoient lever icelle somme, et l'oultre plus desdictes descharges ont pluseurs foiz fait baillier à leurs parens ou amis ou autre part à leur plaisir et voulenté, pour dons ou autres causes que nous n'avions à ce ordonnées, lesquelles les receveurs particuliers, cuidans que icelles descharges feussent pour la cause par nous ordonnée, comme les descharges le contenoient, ont esté plus enclins à paier ceulx qui avoient lesdictes descharges, et par ce ont esté paiez dons et autres choses extraordinaires paravant l'ordinaire, et ce que par nous[4] avoit esté ordonné estre levé, nous avons ordonné et ordonnons que nosdiz commis doresenavant, sur peine de recouvrer sur eulx et d'amende arbitraire, ne

---

1. « D'aucun » n'est pas dans A.
2. 1401, 7 *janvier*, art. 10 (*O. VIII*, (415); — 1403, 7 *janvier*, art. 8 (*O. IX*, 283.)
3. Ce passage est incompréhensible dans O. — F. donne : « les trésoriers du temps passé, aucunes fois et souvent soubz umbre desdictes causes particulières, ont payé par descharge... etc. »
4. O. « paravant ».

lièvent ou facent lever par ledit receveur général, changeur[1]
ne autres, aucunes descharges sur lesdiz receveurs particuliers, soubz umbre d'aucunes des causes dessusdictes ou
semblables, oultre la somme qui par nous aura esté ordonnée
estre levée pour icelle cause ; et oultre avons ordonné et
ordonnons que, se aucunes descharges ou temps passé ont
esté levées et baillées à autres que à ceulx qui ont ou auront
eu le gouvernement des choses pour lesquelles icelles
descharges sont causées, lesquelles ne sont mie encore
payées, que icelles descharges soient en ce cas mises et les
mectons au néant, et defendons ausdiz receveurs particuliers
et autres, à peine de recouvrer sur eulx et leurs hoirs, que
d'icelles descharges riens ne payent, mais se aucunes teles
doresenavant estoient[2] levées, nous voulons icelles estre
nulles et de nulle valeur, et deffendons à noz gens des
comptes que riens n'en allouent ès comptes de cellui qui
les payera, sur peine de le recouvrer sur eulx.

110. *Comment le Roy deffend que nulles descharges soient
levées par les trésoriers, avant qu'elles soient datées.* — Item,
pour ce qu'il est venu à nostre congnoissance, que ou temps
passé les généraulx sur le fait desdiz aides qui pour lors
estoient, ont placqué leurs signetz en pluseurs et grant quantité de descharges, sans ce que en icelles descharges eust
aucune datte et que icelle datte depuis y estoit mise par
le receveur général, en quoy icellui receveur et le contreroleur desdiz aydes ont commis et peu commectre pluseurs
faultes, et baillées icelles descharges et icelles employées à
qui et ou bon leur a semblé, et qui plus est, souventesfoiz
est advenu que noz trésoriers et lesdiz généraulx depuis
qu'ilz estoient hors de leursdiz offices mectoient antidattes
en tele manière de descharges, dont pluseurs maulx et
inconvéniens s'en sont ensuiz, nous avons ordonné et ordonnons que doresenavant lesdiz commis ne signeront aucunes
descharges, se la datte n'y est mise préalablement, et aussi

---

1. « Changeur » n'est pas dans A.
2. O. « ont esté ».

n'en signeront ne expédieront aucunes, depuis qu'ilz seront
départiz de leurs offices, sur peine d'en estre pugniz comme
de crime de faulx, et de recouvrer sur eulx ou leurs hoirs
tout ce que par le moyen d'icelles descharges auroit esté
payé.

111. *Comment le Roy deffend que les gens de son hostel
ne admenent devers lui ses trésoriers et receveurs et ne soient
mal traictiez, sur peine, etc.* — Item, pour ce que nous
avons ordonné que tous les deniers des aides que nous
vouldrons doresenavant avoir, soient receuz par la main de
nostre receveur général, et ceulx de nostre demaine par la
main du changeur ou receveur du demaine, en nostre
trésor, pour ce aussi que ou temps passé pluseurs noz officiers, comme huissiers et sergens d'armes, varlez de chambre
et pluseurs autres, ont aucunes foiz de leur voulenté,
et autresfoiz de nostre commandement fait par importunité
de requérans, esté quérir les généraulx et trésoriers qui
pour le temps estoient, et pluseurs vicontes, receveurs,
grenetiers et autres qui se mesloyent et avoient[1] l'administracion et gouvernement de noz finances, pour faire baillier
pluseurs sommes de deniers à leur prouffit et en nostre très
grant dommaige, et telement espoventoient et traictoient
nosdiz receveurs et grenetiers particuliers que ilz n'osoient
venir ne eulx tenir en nostre bonne ville de Paris, ne ès
lieux où nous estions, pour venir compter et apporter les
deniers de leurs receptes, et faire ce que à leurs offices
appartenoit, nous deffendons très expressément à tous nosdiz huissiers et sergens d'armes, varlez de chambre, officiers[2] et à toutes autres personnes de quelque estat qu'ilz
soient, sur peine de privacion de nostre hostel et de toutes
offices royaulx, et aussi sur peine d'amende arbitraire, que
doresenavant ilz ne nous amènent, travaillent ou molestent
pour la cause dessusdicte ou semblable aucuns de noz officiers de nosdictes finances ; deffendons aussi ausdiz commis

1. O. « qui se mesloyent en l'administration ».
2. « officiers » n'est pas dans A.

et à commectre et à tous noz autres officiers sur le fait
desdictes finances, que doresenavant pour ledit fait ilz
ne baillent aucuns deniers d'icelles à personne quelconque
que à nosdiz receveur général desdiz aides, changeur ou
receveur de nostredit demaine, par la manière dessus touchée, sur peine de perdre tout ce qu'ilz en auroient baillié
et de tout ce recouvrer sur eulx ou sur ceulx qui aucune
chose en auroient receu et sur leurs hoirs; et avecques
ce donnons pouvoir et auctorité ausdiz commis ou à commectre sur le gouvernement de toutes nosdictes finances,
que se, après la publicacion de ceste présente ordonnance,
aucuns s'efforcent de prendre ou vouloir prendre[1] ou recevoir aucuns de noz[2] deniers d'icelles finances ne faire venir
par devers nous aucuns de nosdiz receveurs, vicontes ou
grenetiers par la manière ou pour les causes dessusdictes,
ilz les puissent faire prendre et mectre en nostre Chastellet de Paris, pour illec recevoir tele pugnicion comme au cas
appartendra.

112. *Comment le Roy deffent à ses trésoriers et officiers
sur le fait des aydes qu'ilz ne prengnent aucunes pencions
d'autres que de lui, ne dons, etc., sur peines.* — Item, avons
ordonné et deffendu, ordonnons et deffendons ausdiz commis ou à commectre au gouvernement de toutes nosdictes
finances, à nostre receveur général et aussi au contreroleur de nosdiz aydes et à noz clercs et notaires ordonnez ou à ordonner à nous servir ou fait desdiz aides,
que ilz ne soient si osez ne si hardiz de prendre publiquement ne occultement aucunes pensions de quelque seigneur
ou personne que ce soit autre que de nous, ne aucuns dons
corrompables, et ce leur enjoingnons très expressément,
sur le serement qu'ilz ont à nous et sur les autres peines à
ce introduites et acoustumées[3].

---

1. « Prendre » n'est pas dans A,
2. « De noz » n'est pas dans A.
3. 1401, 7 *janvier, art.* 9 *(O. VIII, 414);* — 1408, 7 *janvier, art.* 7 *(O. IX,*
283).

113. *Comment le Roy deffend aux trésoriers qu'ilz ne fassent venir devers eulx les officiers de recepte que deux fois l'an, etc.* — Item, pour ce que ou temps passé noz généraulx conseilliers sur le fait desdiz aides avoient acoustumé de mander et faire venir pardevers eulx plus que souvent noz receveurs et g. enetiers particuliers, tant pour monstrer leurs estatz comme autrement, dont nous avons eu et supporté sans cause raisonnable pluseurs fraiz et despensés excessives, nous avons ordonné et ordonnons que doresenavant les commis au gouvernement de toutes nosdictes finances ne manderont ou feront venir par devers eulx que deux foiz l'an au plus iceulx receveurs et grenetiers particuliers, afin de monstrer et savoir leurs estats, l'une foiz au commencement de l'année, tantost après ce qu'ilz auront baillié noz fermes, et l'autre foiz quant les tiercoiemens et doublemens d'icelles fermes seront passez, se il n'y avoit cause cogente[1] et nécessaire ; et au surplus enjoingnons expressément ausdiz commis qu'ilz ne facent faire ne seuffrent estre faiz par lesdiz receveurs et grenetiers voyaiges superfluz pour portaiges[2] de deniers ne autrement, comme l'en dit que fait a esté ou temps passé, et que doresenavant, incontinent que lesdiz receveurs ou greneticrs vendront pardevant eulx ou pardevers nostredit receveur général pour aucune des causes dessusdictes, ilz les expédient sans les laissier séjourner à noz despens à Paris ou ailleurs, et sur peine de recouvrer sur eulx ou leurs hoirs le dommaige que par leur faulte aurions soustenu.

114. *Comment le Roy deffend que nul homme noble ne ses serviteurs soient présens aux baulx des fermes, ne receuz à les mectre à pris ne enchiérir.* — Item, pour obvier aux grans frauldes et mauvaistiez, qui ou temps passé et par pluseurs foiz ont esté commises ou fait des baulx des fermes de nosdiz aides, en ce que pluseurs nobles malicieusement, couvertement et autrement frauduleusement ont fait prendre

---

1. O. « urgente ».
2. O. « partaiges ». — F. donne « portaiges ».

et mectre à pris et aucunes foiz fait renchérir par aucuns de
leurs gens pluseurs de nosdictes fermes, et souventesfoiz
leur demouroient icelles fermes à vil et petit pris, pour
ce que les populaires[1] et autres gens du pays ne les
osoient renchérir, tiercoier ou doubler pour doubte et péril
desdiz nobles, qui par convoitise mauvaise, depuis ce que
lesdictes fermes estoient ainsi demourées à eulx ou à leurs
gens, les rebailloient et de fait avoient rebaillié à leur prouffit, à plus grant pris beaucop que les[2] esleuz ne les avoient
baillées, et[3] applicquant à eulx et à leur prouffit dampna-
blement par voye oblique grant partie de deniers de nosdictes fermes[4], en quoy nous avons esté grandement dommaigiez et frauldez, nous, voulans à ce pourveoir et obvier à
telz frauldes, maléfices et mauvaistiez, avons deffendu et
deffendons très expressément à tous les seigneurs et nobles
de nostre royaume, leurs gens, officiers et serviteurs et
autres quelzconques, sur quanque[5] ilz se pevent mesfaire
envers nous, que plus ne doresenavant ne s'entremectent
de commectre telz frauldes, subtilitez ou mauvaistiez; deffendons aussi à tous noz esleuz qu'aucuns d'iceulx nobles
ne de leursdictes gens ou serviteurs ne seuffrent estre présens ne assister aux baulx de nosdictes fermes et ne les
reçoivent à mectre aucuns deniers à Dieu[6], enchières ou ren-
chières, tiercoiemens ou doublemens sur icelles, sur la
peine que dessus, et de recouvrer sur eulx ou sur leurs héritiers et aussi sur ceulx de la condicion devantdicte qui auroient prins aucunes desdictes fermes, ou leurs hoirs, toutes
les pertes, dommaiges et intérestz, que aurions eu et peu
avoir par le moyen des frauldes dessusdictes[7].

1. O. « postulaires ».
2. O. « noz ».
3. O. « en ».
4. A. donne « finances ».
5. O. « sur qu'avecque ». — F. « sur ce qu'ils ».
6. F. « deniers à des enchères ».
7. 1393, 11 octobre (O. VII. 583). — Voir Vuitry, *Etudes sur le régime
financier*, 2ᵉ série, II, 150, et A. Coville, *les Cabochiens*, 51.

115. *Comment le Roy ordonne qu'il n'aura plus aucun garde de ses coffres, fors le receveur général des aydes.* — Item, et pour ce que ou temps passé pluseurs subtilitez et voyes obliques ont esté trouvées afin de avoir et exigier de nous finances, tant des deniers de noz coffres et de nostre espargne comme d'autres, par pluseurs noz officiers et serviteurs et autres officiers et serviteurs de ceulx de nostre sang et lignaige[1] et autres, à nostre très grant dommaige, nous, voulans à ce pourveoir, ordonnons que de cy en avant nous n'aurons aucuns officiers particuliers que l'en seult[2] ou que l'en a acoustumé de appeller gardes de noz coffres et de nostre espargne[3] autre que nostre receveur général des aides, et que les deniers qui seront ordonnez pour iceulx coffres et espargne, se distribueront en autre manière qu'ilz n'ont esté ou temps passé, au bien de nous et de nostre royaume, et se aucun impétroit ou se boutoit en aucuns d'iceulx offices, nous dès maintenant pour lors le repputons inhabille à icellui et à tous autres offices royaulx ; et si voulons que sans espargne soient recouvrez sur lui ou sur ses hoirs tous les deniers et prouffiz qu'il auroit[4] euz et receuz à son prouffit par le moyen d'iceulx coffres ou d'aucun d'eulx ; et quant à la somme de dix escus d'or pour jour que nous avons acoustumez avoir et recevoir pour faire nostre plaisir, nous avons ordonné et ordonnons que par nostre receveur général de nosdiz aides iceulx dix escus seront baillez à aucun preudomme nostre serviteur, que nous ordonnerons à ce, lequel les nous baillera à nostre plaisir[5].

116. *Comment le Roy ordonne que jusques à trois ans aucun payement soit fait des dons par lui faiz né d'assignacions non payées.* — Item, pour nous aidier à supporter les

---

1. O. « sang lignager ».
2. O. « scoust ».
3. Voir Vuitry, *Études sur le régime financier*, 2ᵉ série, II, 445.
4. O. « ils auront ».
5. Voir Vuitry, *Études sur le régime financier*, 2ᵉ série, II, 445. — Monstrelet, *Chronique*, II, 315.

grans charges et affaires qui de présent nous occurrent et surviennent, et pour trouver promptement voye et manière d'avoir finances pour le fait de la guerre, nous avons ordonné et ordonnons que de tous les dons par nous faiz ou temps passé pour quelque cause que ce soit, et aussi de toutes descharges ou mandemens pour dons levées ou temps passé, qui n'ont esté payées ou acquittées, nous ne voulons aucune chose en estre payée de cy à trois ans, à compter de la date de ces présentes; et se aucun s'efforçoit de impétrer lettres ou faire aucune chose au contraire de ce que dit est, nous en ce cas révoquons, rappellons et mectons au néant icellui don, et ne voulons que jamais cellui à qui il auroit esté fait, en ait aucun prouffit; et si deffendons que aucunes lettres ou mandemens *de iterato* ne soyent faictes sur tele manière de dons et de descharges, comme cy dessus prochainement[1] est récité; et se aucunes par importunité ou autrement en estoient par nous commandées et octroyées, nous deffendons à nostre chancellier que aucunes il n'en séelle, ausdiz commis que aucunes n'en vérif-fient, et aux gens de noz comptes que aucunes n'en allouent ou expédient, et à tous noz secrétaires que aucune n'en signent, sur peine d'en estre très griefment pugnis; et se aucun par importunité ou autrement en recevoit aucuns prouffiz, nous voulons qu'ilz soient recouvrez sur lui ou sur ses hoirs.

117. *Comment le Roy ordonne que des dons par lui faiz pour mariaiges aucune chose soit payée jusques à trois ans.* — Item, voulons et ordonnons que, supposé que ou temps passé nous ayons fait dons à aucuns pour leurs mariaiges d'aucunes sommes de deniers à prendre sur aucuns de noz greniers et receptes particulières, nous ne voulons que d'iceulx dons aucune chose leur en soit payée par lesdiz receveurs particuliers, mais se aucune chose leur estoit payée, nous voulons que ce soit ledit terme de trois ans

---

1. « Prochainement » n'est pas dans A. Voir art. 106.

passé, et par la main de nostre recevuer général et non
par autre ; et s'aucun en recevoit aucune chose paravant
ledit terme de trois ans, ne autrement, ne par autre main
que par ledit receveur général, nous voulons que ce soit
recouvré sur lui ou sur ses hoirs[1].

118. *Comment le Roy ordonne que diligence soit faicte
par ses conseilliers et gens des comptes de recouvrer les
fleurons de sa bonne couronne, en defendant plus n'estre mis
ne receuz en gaige, sur peines, etc.* — Item, pour ce que
nous sommes advertiz que puis aucun temps en ça, par
l'importunité de aucuns, nostre bonne couronne a été des-
membrée et les fleurons d'icelle baillez en gaiges sans grant
nécessité, ou grant deshonneur de nostre royaume, nous,
voulans à ce pourveoir, avons commis et ordonnez, commectons et ordonnons noz amez et féaulx conseilliers les
commissaires par nous ordonnez pour entendre et pourveoir
au bien publicque du royaume, et aux gens de noz comptes,
que par toutes les bonnes et raisonnables voyes, et le plus
brief que faire se pourra, ilz procurent et facent diligence
que iceulx fleurons soient retraiz des mains de ceulx qui les
ont prins et détenuz, ont ou détiennent en gaige, et que à
nostre prouffit et de par nous ilz soient en bonne et seure
garde ; et si defendons très expressément à ceulx qui
doresenavant auront en garde nostredicte couronne, que
icelle ne les fleurons d'icelle ilz ne baillent ou délivrent à
aucun autre que à nous, à tiltre de gaige ne autrement, en
quelque manière que ce soit, pour quelque mandement que
sur ce leur envoyessions ; deffendons aussi à tous noz
subgiez et autres quelzconques de quelque estat que ilz
soient, que, supposé que l'en leur offreist ou voulsist nostredicte couronne ou aucuns des membres d'icelle baillier en
gaige pour quelque somme d'argent, ilz ne soient si osez ne
si présumptueux de les prendre ou retenir, quelques

1. Voir le discours de l'abbé de Moustiers-Saint-Jean, aux Etats de février
1413, *Bibl. de l'Ecole des Chartres*, 1844, 281 ; — A. Coville, *les Cabochiens*,
242.

lettres ou mandemens que sur ce leur[1] octroyessions,
auxquelz nous ne voulons aucunément estre obéy, sur peine
de encourir nostre indignacion et de recouvrer sur eulx
nostredicte couronne ou les membres d'icelle, et de perdre
ou applicquer à nostre prouffit tous les deniers qu'ilz
auroient prestez ou baillez sur ce[2].

119. *Comment le Roy ordonne que inventoire soit faicte
de tous les joyaulx et vaisselle d'or et d'argent et pierreries
des hostelz de lui, de la Royne et du Daulphin.* — Item, voulons et ordonnons que tantost après la publicacion de ces
présentes ordonnances, de toutes les vaisselles et joyaulx[3]
d'or, d'argent et de pierrerie estans ès hostelz de nous, de
nostre très chière et très amée compaigne la Royne et de
nostre très cher[4] et très amé ainsné filz le duc de Guienne,
daulphin de Viennois[5], et de tous autres joyaulx et vaisselles appartenans à nous et à eulx, soient faiz bons et vraiz
inventoires par l'ordonnance de noz amez et féaulx conseilliers les commissaires par nous ordonnez pour entendre et
pourveoir au bien publique de nostre royaume, et iceulx
vaisselle et joyaulx, avec le double desdiz inventoires baillez
et délivrez aux gardes desdiz joyaulx et vaisselle à ce ordonnez en nostre hostel et ès leurs ; et quant aux vraiz inventoires qui de ce seront faiz, nous voulons et ordonnons que
ilz soient baillez à noz gens des comptes, à ce que toutesfoiz
que il nous plaira, nous et eulx soyons certiffiez de la quantité et valeur desdictes vaisselles et joyaulx.

120. *Encores de ce pour les joyaulx et vaisselles données*

---

1. « Leur » n'est pas dans A.
2. Voir *Bibl. Nat.* franç. 6,537, n° 117, une pièce qui se rapporte très
probablement à cet engagement des fleurons de la grande couronne et inti-
tulée : « *Ce sont ceulx qui ont l'or et la pierrerie de la belle couronne du Roy
et autres joyaulx et pierrerie appartenans audit Seigneur.*» — A. Coville, *les
Cabochiens,* 47.
3. « Et joyaulx » n'est pas dans A.
4. « Très-cher » n'est pas dans A.
5. O. « Vienne ».

ou présentées au Roy, à la Royne et au Daulphin. — Item, ordonnons que tous les joyaulx et vaisselles d'or, d'argent et de pierrerie, qui doresenavant seront achetez, donnez ou présentez à nous, nostredicte compaigne ou ainsné filz ou l'un de nous, soient par les argentiers ou autres officiers à qui ce appartendra, tant de nostre hostel comme des leur, par bon et loyal inventoire baillez et délivrez à cellui ou ceulx qui auront la garde ou les gardes d'iceulx joyaulx et vaisselles, et que de ce icelles gardes facent lettres de récepcion, afin qu'ilz soient chargiez d'en rendre compte ; avec ce ordonnons que lesdictes lettres de récepcion soient par lesdiz argentiers ou autres à qui ce touchera, tantost après ce qu'ilz receuz[1] auront esté, portées pardevers nosdictes gens des comptes, afin que icelles gardes en soient chargées par la manière qu'il appartendra, ou autrement ne leur seront allouez en leurs comptes.

121. *Comment le Roy ordonne que tous les officiers de lui, de la Royne et du Daulphin et autres, ausquelz dons ont esté faiz ou Daulphiné et ailleurs, feront prest de la moictié de la valeur de leurs dons.* — Item, comme dès le moys d'octobre l'an mil CCCC et neuf nous eussions par noz lettres patentes[2] ordonné certaine réformacion générale estre faicte, tant en nostre royaume comme ou daulphiné de Viennois, et par espécial entre autres choses pour recinder les dons excessifz par nous[3] faiz, parquoy, après la publicacion desdictes lettres noz serviteurs, officiers et subgiez pourroient et ont peu assez veoir et appercevoir que nous ne voulions telz dons avoir lieu ou temps advenir, néantmoins, puis la suspencion d'icelle réformacion, pluseurs noz serviteurs et officiers et autres officiers et serviteurs de nostre très chière et très amée compaigne la Royne, de

---

1. O. « quelles receues ».
2. Voir les lettres du 20 octobre 1409, « portant pouvoir à des réformateurs généraux de corriger les abus dans les finances et autrés parties du gouvernement. » O. *IX*, 468.
3. « Pas nous » n'est pas dans A.

nostre très chier et très amé ainsné filz le duc de Guienne
et des autres de nostre sang et lignaige[1] et autres noz subgiez,
par importunité, sans avoir regart aux choses dessusdictes et
aux grans nécessitez que continuelment depuis ledit temps
avons eues, si comme encores avons de présent, tant pour
expeller[2] noz adversaires d'Angleterre et les compaignes de
présent estans en nostre royaume en grant puissance et
effort comme autrement, ont prins et exigié de nous pluseurs dons et prouffiz, lesquelz ou partie d'iceulx par raison devroient mieulx estre recouvrez sur ceulx qui les
auroient ainsi euz et prins de nous, ou au moins nous en
devroient aucunement[3] aidier et secourir, veue la nécessité
évident à ung chacun en quoy nous sommes de présent à
avoir et trouver finances, nous, actendu ce que dit est, avons
ordonné et ordonnons que tous ceulx, qui depuis le temps
de la suspencion de ladicte reformacion ont eu de nous,
nostre très chière et très amée compaigne la Royne, nostre
très chier et très amé ainsné filz duc de Guienne, daulphin de
Viennoys aucuns dons, nous feront[4] promptement prest ou[5]
ayde de la moictié de ce qu'ils auront eu et receu à cause
d'iceulx dons, ou dont ilz auront eu respondant particulier
en privé nom, à qui ilz s'en soient tenuz ; et à ce voulons qu'ilz
soient contrains, c'est assavoir noz officiers par privacion ou
suspencion de leurs offices ou services, se mestier est, et
eulx et autres par toutes autres[6] voyes deues et raisonnables,
pourveu toutesvoyes que noz amez et féaulx conseilliers et
commissaires pour entendre et pourveoir au bien publicque
de nostre royaume pourront augmenter, modérer et diminuer lesdictes sommes, selon leur advis et discrécion, et
selon les estaz, qualitez et mérites des personnes et aussi
selon les matières subgectes à la qualité et quantité desdiz

---

1. « Et des autres de nostre sang et lignaige » n'est pas dans A.
2. O. donne « appeller » ; la correction est indiquée en marge.
3. « Aucunement » n'est pas dans A.
4. O. « nous serons ».
5. O. « en aide ».
6. « Autres » n'est pas dans A.

dons et prouffiz; et quant aux autres dons et prouffiz
par nous faiz paravant ledit temps, nous voulons et ordonnons que nosdiz conseilliers[1] et commissaires, reprinses
par devers eulx nosdictes autres lettres autresfoiz par nous
octroyées sur le fait de ladicte réformacion, facent et procèdent au regart desdiz dons, desquelz il n'aura[2] esté congneu, décidé et déterminé par les commis qui pour le temps
furent ordonnez ou fait d'icelle réformacion à l'encontre
des subgiez de nostredit royaume seulement, selon la forme
et teneur desdictes lettres, et pareillement facent et procèdent au regart de tous les autres cas dont en icelles est
faicte mencion, et à ce les avons commis et expressément
commectons par ces présentes[3].

122. *Comment le Roy ordonne que nulles ataches sur
vieilles descharges soient données par les trésoriers, sinon sur
descharges levées pour les hostelz du Roy.* — Item, deffendons très expressément ausdiz commis sur le fait de toutes[4]
nosdictes finances, que doresenavant ne vériffient ne
seuffrent estre faictes aucunes ataches à quelzconques vieilles
descharges[5] levées sur aucuns receveurs ou grenetiers, quéles
quelles soient; et supposé que aucunes d'icelles descharges
feussent trouvées avoir esté levées pour la despence, des
hostelz de nous, de nostre très chière[6] et très amée compaigne la Royne ou de nostre très chier[7] et très amé ainsné
filz le duc de Guienne, ou pour autres causes justes et raisonnables, nous voulons et ordonnons que les sommes
contenues en icelles soient payées par nostre receveur
général, par mandement nouvel donné de nous, vériffié
deuement par lesdiz commis et non autrement.

---

1. « Conseillers » n'est pas dans A.
2. O. « il aura ».
3. Voir le discours de l'abbé de Moutiers-Saint-Jean aux Etats de février
1413, *Bibl. de l'Ecole des Chartes*, 1844, 281-288, et la requête de l'Université et de la ville de Paris, Monstrelet, *Chronique*, II, 238.
4. « Toutes » n'est pas dans A.
5. O. « villes pour descharges ».
6. « Très chière » n'est pas dans A.
7. « Très cher » n'est pas dans A.

123. *Comment le Roy deffend que jusques à trois ans aucun ne obtiengne don de lui en quelque manière que ce soit.* — Item, pour ce que ou temps passé nous avons esté libéral et enclin à faire pluseurs grans et excessifz dons à toutes manières de gens, tant nobles comme noz officiers et serviteurs et les gens et serviteurs de ceulx de nostre sang et lignaige, et autres, parquoy s'est ensuy que, quant nous avons eu besoing, comme de présent avons, à avoir finances, nous n'en avons aucunes trouvées, sinon en nostre très grant perte et dommaige et souventes foiz à la très grant charge de nostre peuple, nous, voulans à ce pourveoir, avons deffendu et deffendons à tous noz officiers et serviteurs et généralment à tous autres de quelques estas ou condicions qu'ilz soient, que de cy à trois ans [1], à compter du jour de la date de ces présentes, aucun ne prengne, pourchace ou procure avoir aucuns dons de nous pour quelconque cause, ne soubz quelque couleur ou occasion que ce soit, pour mariaige ou autrement; et se aucuns s'en faisoient, nous ne voulons que aucune chose en soit payée plustost et jusques après ledit terme de trois ans, et icellui terme passé, comme dessus est dit; et se par faveur, et importunité de requérans ou autrement, aucuns en estoient faiz ou payez, nous voulons iceulx estre recouvrez sur ceulx qui les auroit euz ou sur leurs hoirs.

124. *Comment le Roy ordonne que le receveur de l'ayde à Tournay ne prendra de gaiges par an que cent livres tournois.* — Item, pour ce que ou temps passé et jusques à ores ceulx qui ont esté commis à la recepte de l'aide de Tournay, montant à VI^M francs [2] par an, ont prins à cause de leur office d'icelle recepte trop plus grans gaiges que la charge d'icellui office ne requeroit, nous voulons et ordonnons que doresenavant le receveur qui y est à présent ou sera pour le temps advenir ne prendra par an pour ses gaiges

---

1. O. « d'icy en avant ». — Voir art. 116 et 117.
2. O. « six cens francs ».

que C livres tournois; et se il en prenoit aucune chose oultre ladicte somme, nous voulons que tout ce qu'il en recevroit soit recouvré sur lui ou sur ses hoirs[1].

125. *Comment le Roy ordonne que les clergies des eslections seront baillées à ferme à son prouffit.* — Item, avons ordonné et ordonnons que doresenavant toutes les clergies[2] des eslecions de nostre royaume, tant en noz pays de Languedoil comme de Languedoc, se bailleront à ferme à nostre prouffit à bonnes personnes souffisans et expers à ce, le plus prouffitablement que faire se pourra, par les esleuz à ce ordonnez en chacune des eslecions de nostredit royaume; et seront les deniers d'icelles fermes receuz de là en avant par noz receveurs particuliers des aides où lesdictes eslecions sont ordonnées, qui de ce feront recepte et despence en leurs comptes[3].

126. *Comment le Roy ordonne que tous les greniers à sel nommez en l'article et tous autres mis sus depuis seize ans soient adnullez et abbatuz.* — Item, pour ce que depuiz certain temps en ça, par faveur ou importunité des seigneurs de nostredit sang et lignaige et d'autres ou autrement, ont esté créez et mis sus en nostre royaume grant quantité de greniers et chambres à sel, pour ce aussi que par les octroiz que nous et les généraulx sur le fait de noz aides qui pour lors estoient[4] avons fait ou temps passé à pluseurs de noz officiers, gens d'Eglise et autres, d'avoir et prendre sel non gabelé en pluseurs de noz greniers pour les despences de leurs hostelz, noz greniers anciens sont grandement diminuez et l'esmolument et prouffit de nostre gabelle grandement amendry et appetiçié, et chacun jour appetiçé et diminué en tele manière que les assignacions qui ont esté faictes sur nosdiz greniers pour le fait de la

---

1. La fin de l'article, depuis « somme », manque dans O et dans F.
2. O. « charges ». — Le mot *clergie* désigne une sorte de greffe; voir A. Coville, *les Cabochiens*, 237.
3. 1401, 7 janvier, art. 6 (O. VIII, 414).
4. O. « est. »

guerre et des despenses des hostelz de nous, de nostre très chière et très amée compaigne la Royne, nostre très chier et très amé ainsné fils Loys duc de Guienne, n'ont peu estre payées, nous, considérans les grans affaires et charges que avons à supporter pour la tuicion et deffense de nostre royaume, tous greniers et chambres à sel, qui depuis seize ans en ça ont esté mis sus ès villes qui s'ensuivent, c'est assavoir Meleun, Joingny, Cravant, Clamecy, Chasteauchinon, Rougemont, Bar sur Seine, Tonnerre, Sainct Florentin, Villemoz[1], Arciz[2], Beaufort, Chaumont, Montfort l'Amaulry, Esparnay, Grantpré, Chastel en Porcien, Coucy, la Ferté Milon, Courmissy, Honnefleu, Dreux, Vernueil, Sully[3], Sancerre, Diziese[4], Nemoux, Han, Péronne, Granviller, Clermont en Beauvoisis, Oysemont, Chambly, Moulins les Angibers[5], Chasteaudun[6] et Senlis, et généralment tous autres qui puis le temps dessus dit auroient esté mis sus en nostre royaume, avons révoqué, cassé, aboly et adnully, révoquons, rappellons, cassons, abolissons et adnullons par ces présentes, sauf que ledit grenier de Senliz sera mué, et icellui muons et voulons estre assiz au lieu de Creilg ainsi que ou temps passé a esté fait; et pour ce que esdiz greniers et chambres à sel ainsi abbatues a de présent

---

1. « Tonnerre, Sainct-Florentin, Villemoz » ne sont pas dans A. Il faut probablement corriger *Villemoz* en *Villemar*. C'est aujourd'hui Villemaur, cant. d'Estissac, arr. de Troyes, Aube

2. O. « Artia ».

3. « Sully » n'est pas dans A.

4. O. « Disise ». — F. « Desise ».

5. O. « Molins les Angibers ». — Cravant, arr. d'Auxerre, Yonne ; — Rougemont, arr. de Semur, Côte-d'Or; — Saint-Florentin, arr. d'Auxerre, Yonne; — Arcis-sur-Aube, Aube ; — Beaufort, canton de Rosières, arr. de Montdidier, Somme ; — Montfort l'Amaury, arr. de Rambouillet, Seine-et-Oise; — Grandpré, arr. de Vouziers, Ardennes ; — Château-Porcien, arr. de Réthel Ardennes ; — Coucy, arr. de Laon, Aisne ; — La Ferté-Milon, arr. de Château-Thierry, Aisne ; — Cormicy, canton de Bourgogne, arr. de Reims, Marne ; — Honfleur, arr. de Pont-l'Évêque, Calvados ; — Verneuil, arr. d'Evreux, Eure; — Sully, arr. de Gien, Loiret; — Decize, arr. de Nevers, Nièvre ; — Nemours, arr. de Fontainebleau, Seine-et-Marne ; — Ham, arr. de Péronne, Somme; — Grandvilliers, arr. de Beauvais, Oise ; — Oisemont, arr. d'Amiens, Somme ; — Chambly, arr. de Senlis, Oise; — Moulins-Engilbert, arr. de Château-Chinon, Nièvre.

6. « Chateaudun » n'est pas dans A.

sel appartenant aux marchans qui le y ont mis, lesquelz porroient estre en ce perdans et grandement dommaigiez, se pourveu ne leur estoit, nous avons ordonné et ordonnons que tout le sel estant èsdiz greniers abbatuz ou qui desjà y a esté présenté par les diz marchans et dont ilz ont baillié caucion de le y mener sera vendu et adeneré, c'est assavoir celluy estant en nature esdiz greniers abbatus, par ceulx de de noz greneliers de noz anciens greniers plus prochains desdiz greniers abbatuz ou leurs commis autres que ceulx qui estoient ordonnez esdiz greniers abbatuz, et l'autre sel qui a esté présenté en iceulx greniers abbatus, qui en vérité n'a esté ne est encore mené [1] en iceulx, sera mené en nosdiz greniers anciens prouchains des diz greniers abbatuz, et ylec vendu par la manière que dit est, supposé que icellui sel ne feust ou soit mené en aucuns desdiz greniers abbatuz, et sera le droit de la gabelle receu à nostre proufit par nosdiz grene- tiers de noz greniers anciens aux despens desdiz marchans qui, se bon leur semble, pourront commectre tele personne qu'il leur plaira pour recevoir leur droit, nonobstans quelz- conques dons ou ottroiz par nous faiz à aucuns de nostre dit sang ou autres, lesquelz nous révoquons et adnullons quant à ce, et deffendons expressément que pour le temps advenir aucun autre sel soit receu ne présenté esdiz greniers ou chambres à sel abbatuz, ne que pour occasion de ce que dit est, nosdiz greneliers prengnent aucune creüe de gaiges ou autres prouffiz sur nous; et oultre n'est nostre inten- cion que les contreroleurs desdictes chambres et greniers à sel abbatuz contrerolent la vente du sel qui est en iceulx et qui y a esté ou est présenté, ne que ilz prengnent sur nous aucuns gaiges pendant ledit temps, jusques à ce que icellui sel soit vendu tout, selon la forme et manière que plus à plain est contenu en certaines noz autres lettres patentes passées en nostre Grant conseil, données le XII° jour de décembre derrainement passé [2].

1. O. « mué ».
2. Ces lettres ne sont pas dans les recueils d'Ordonnances. — Les disposi- tions de l'art. 126 furent renouvelées dans des lettres patentes du 10

127. *Comment le Roy deffent que aucune poursuite soit faicte pour remectre sus les greniers abbatuz, sur paines, etc.* Item, pour ce que nous voulons ladicte révocacion et les ordonnances déclairées en l'article prochain précédent avoir et sortir leur plain effect[1], nous deffendons par ces présentes, en espécial à tous les officiers qui estoient de par nous esdiz greniers et ès chambres à sel abbatuz, que eulx ne aucuns d'eulx ne pourchassent ou facent poursuir ou pourchacier par quelque seigneur ou personne que ce soit estre restitué en leurs offices, ne lesdiz greniers et chambres à sel estre remis sus, sur peine d'estre repputez inhabiles à tenir offices royaulx et d'amende de mil livres tournois, èsquelles peines dès maintenant pour lors nous desclairons estre encouruz et escheuz tous ceulx qui feront ou pourchaceront aucune chose contre ceste présente nostre ordonnance ; et pareillement défendons à tous les marchans de sel de nostredit royaume et à chacun d'eulx que doresenavant ne menent, ne facent ou procurent mener sel en aucuns des diz greniers abbatuz, sur peine de forfaire à nous tout le sel qu'ilz y auroient mené et d'amende arbitraire ; et avecques ce mandons et commandons très expressément ausdiz commis sur le fait du gouvernement de toutes nosdictes finances et à tous noz autres officiers à qui il appartendra, que à ce que dit est ils tiengnent la main très roidement et ne baillent, vériffient ne expédient doresenavant aucunes lettres au contraire[2], sur peine d'amende arbitraire et de estre repputez pour parjures.

128. *Comment le Roy ordonne que tous ses officiers prengnent sel en grenier et payent le droit de gabelle, nonob-*

---

décembre 1415. Le début de ces lettres est semblable au texte cabochien avec quelques additions ; la liste des greniers à sel supprimés, avec 34 noms au lieu de 37, donne en plus Roye, Lagny et Saint-Just, et en moins Melun, Tonnerre, Saint-Florentin, Villemox (?), Nogent-sur-Seine, Honfleur. La fin des lettres reproduit en l'abrégeant la dernière partie de l'article 126 et des articles 127 et 128 de l'ordonnance. (*Bibl. Nat. franç.* 21.408, f° 418.)

1. « Leur... effect » n'est pas dans A.
2. O. « au grenier ».

stant quelconque franchise. — Item, voulons, ordonnons
et expressément commandons à tous de quelque estat ou
condicion qu'ilz soient, soient noz officiers ou autres, que
doresenavant ils prengnent en nosdiz greniers anciens, ès
mectes desquelz greniers ilz seront demourans, tout le sel
qui leur sera nécessaire pour la despence de eulx et leurs
hostelz, de leur gens et familiers[1], et que ilz paient le droit
de nostre gabelle, et pareillement du sel estant ès chambres
et greniers à sel abbatuz jusques à ce[2] qu'il soit vendu,
sans ce que, par vertu de quelzconques lettres par nous ou
nosdiz commis octroyées à aucuns d'avoir sel sans gabeller,
leur en soit aucune chose baillié par noz grenetiers ne
autres ausquelz nous deffendons expressément, et sur peine
de restitucion et de nous paier le droit de ladicte gabelle et
privacion de leurs offices, que autrement ne le facent.

129. *Comment le Roy ordonne que toutes les amendes,
condempnacions et exploiz venans à cause des aides soient
convertiz ès affaires de la guerre et non ailleurs.* — Item, et
pour ce qu'il nous est besoing de trouver finances le plus
promptement que faire se porra, tant pour expeller noz
adversaires d'Angleterre et autres gens de compaigne pour
le présent estans en nostre royaume, comme pour pluseurs
autres noz affaires, nous avons ordonné et ordonnons que
tous les deniers qui ystront des condempnacions, amendes et
exploiz du povoir et commission de nosdiz commis à pourveoir au bien publicque de nostre royaume, soient tournez,
convertiz et emploiez ou fait dudit bien publique et[3] de
nostre guerre pour le temps advenir, sans ce qu'ilz soient
tournez en dons ailleurs ne[4] en autres usaiges ou arréraiges du temps passé en quelque manière que ce soit;
et se par importunité de requérans, inadvertance ou autre-

---

1. O. « famille ».
2. O. « jusques à tant ».
3. « Et » n'est pas dans A.
4. A donne « que ».

ment, nous en ottroyons aucuns mandemens ou lettres,
nous deffendons à nostre chancellier que aucunes il n'en
séelle, à tous noz secrétaires que aucunes ilz n'en signent,
et à nosdiz commis et aussi aux commis sur le fait du gouvernement de toutes noz finances et à tous autres à qui il
appartendra, que aucunes ilz n'en expédient ou vériffient, et
au receveur desdictes amendes, condempnacions et exploiz,
que aucune chose il n'en paye, sur les seremens et loyaultez
qu'ilz ont à nous ; et s'aucuns, de quelque estat ou auctorité qu'ilz soient, prenoient aucuns desdiz deniers pour
autre cause ne pour autre usaige que ceulx cy dessus
déclairez, nous voulons que iceulx deniers feussent et soient
recouvrez sur eulx ou sur leurs hoirs sans espargner.

130. *Comment le Roy veult et ordonne que la moictié de
tous les deniers venans à cause des aydes soit employée ès
affaires de la guerre, et l'autre moictié et le demaine ès
autres affaires de son royaume.* — Item, pour remédier aux
grans maulx, griefz, oppressions et inconvéniens qui sont
advenuz et adviennent de jour en jour à nostre peuple et à
nos subgiez, et par espécial pour le fait de la guerre et des
pilleries et roberies qu'ilz ont souffertes ou temps passé, et
seroient encore tailliez de plus avant souffrir, se pourveu
n'y estoit, et afin que doresenavant nous ayons promptement
finance, comme à nostre royale magesté appartient, pour
secourir aux nécessitez et affaires qui nous pourront survenir à cause de ladicte guerre et autrement, nous avons
ordonné et ordonnons que doresenavant de tous les deniers
qui généralment ystront du fait de tous les aydes ordonnez
pour la guerre en tout nostre royaume, en quelque part et
en quelque seigneurie ou juridicion que ce soit en icellui, à
commencier du premier jour d'octobre prouchainement
venant, la moictié en sera véritablement et réalement
detraicte pour estre convertie ou fait de la guerre et non
ailleurs ; et à ceste fin ordonnons que icelle moictié sera
par le receveur général desdiz aides, ainsi comme l'argent
d'iceulx aides vendra, apportée et mise en ung coffre qui

sera mis en la grosse tour de nostre Palais ou ailleurs, en lieu seur et secret tel que advisé sera, auquel coffre aura trois clefz dont nostre chancellier présent et advenir gardera l'une, le président des comptes la seconde, et les commis au gouvernement de toutes nosdictes finances la tierce[1]; et ou cas que il plairoit à Dieu que nous ne eussions guerre, icelle moictié desdiz aides demourra en trésor oudit coffre ou ailleurs, et sera conservée pour secourir au fait de la guerre qui pourroit survenir; et en tant que touche l'autre moictié des deniers d'iceulx aides, icelle moictié avec les deniers de nostre demaine seront convertiz ès autres affaires et nécessitez de nous et de nostredit royaume.

DU TRÉSORIER DES GUERRES.

131. *Comment le Roy ordonne qu'il n'aura plus que ung trésorier des guerres aux gaiges anciens.* — Item, pour ce que nous avons esté advertiz que il n'est pour le présent aucune nécessité que nous ayons deux ne trois trésoriers[2] des guerres en nostre royaume et que nous nous en povons bien passer d'en avoir ung seulement, nous avons ordonné et ordonnons que doresenavant en nostredit royaume n'aurons que ung trésorier de nosdictes guerres, aux gaiges et droiz anciens et acoustumez.

132. *Comment le Roy ordonne que les gens de guerre soient payez de leurs gaiges par chambres, sans payer aux capitaines sinon leur porcion, sur peines, etc.* — Item, pour ce qu'il est venu à notre congnoissance que pour cause de ce que les gens d'armes ont ou temps passé baillié pluseurs blens à noz trésoriers des guerres qui pour le temps estoient, lesquelz trésoriers ont employé iceulx blans en quictances pour plus grans sommes que ilz n'ont bailliées, et aussi

---

1. O. « l'autre ».
2. O. « trésors ». — F. donne « trésoriers ». — Sur les trésoriers des guerres, . voir A. Coville, *les Cabochiens*, 70, n. 2.

lesdiz blans qui leur ont esté bailliez pour quictances, ilz
en ont fait obligacions, et s'en sont ensuiz pluseurs autres
inconvéniens, nous avons deffendu et deffendons à nostredit
trésorier des guerres que doresenavant il ne reçoive aucuns [1]
telz blans, sur peine de privacion de son office et d'amende
arbitraire, mais se pourvoye selon ce que le cas le requerra
de cédule de ceulx à qui il baillera argent pour avoir quictances, monstres et reveues [2], se pour lors ilz ne les [3] pevent
baillier; et oultre commandons à icellui trésorier que
doresenavant il paye les gens d'armes par chambres, comme
anciennement estoit acoustumé [4], sans aucune chose en paier
aux capitaines, sinon en tant qu'il leur compétera et appartendra, e. se il fait le contraire, nous deffendons aux gens
de noz comptes que les deniers qu'il aura autrement payez
que par la manière que dit est ilz n'allouent en ses comptes
en aucune manière.

133. *Comment les souldoyers ne seront payez fors que en
argent comptant.* — Item, avons deffendu et deffendons à
nostre trésorier des guerres et à tous noz autres receveurs
et gens de finances, sur les peines dessusdictes et d'amende
arbitraire, que ilz ne baillent doresenavant en payement à
ceulx qui seront assignez sur eulx, chevaulx, draps, vins ou
autres denrées, mais les payent en argent comptant, et se
autrement le font, nous voulons qu'ilz en soient pugniz par
bonne justice, telement que ce soit exemple à tous autres [5].

134. *Comment le Roy deffend au trésorier des guerres
que les deniers qui lui seront bailliez ne soient emploiez en
autres usaiges ou faiz de guerre que celluy ou ceulx pourquoy lesdiz deniers lui auront esté bailliez.* — Item, comme
entendu avons, combien que souventes foiz nous ou noz
commis au fait de noz finances ayons ordonné ou temps

---

1. O. « plus ».
2. O. « monstrées et regues ».
3. O. « le ».
4. 1374, 13 janvier, art. 11 (O. V, 660).
5. 1373, 6 décembre, art. 23. (O. V, 650).

passé pluseurs sommes de deniers estre baillées aux trésoriers de noz guerres qui pour le temps estoient[1], pour estre
tournez et convertiz en certains faiz particuliers de nosdictes
guerres, selon le mandement à eulx adreçant sur ce, néantmoins iceulx trézoriers par faveur ou autrement avoient
acoustumé et de fait très souvent ont fait convertir nosdiz
deniers autre part, c'est assavoir aucunesfoiz en arreraiges
de guerres du temps passé, et autresfoiz en autres usaiges
que en ceulx pour lesquelz iceulx deniers leur avoient esté
ordonnez, parquoy[2] noz gens d'armes avoient et ont esté
mal payez ou temps passé, nous, voulans à ce pourveoir,
deffendons très expressément au trésorier de nosdictes
guerres présent et advenir que doresenavant il n'employe
ne tourne ou face tourner les deniers qui lui seront
bailliez ou envoyez de par nous pour aucun fait de guerre
ailleurs ne en autres faiz et usaiges que en celluy ou ceulx
de la guerre qui lors sera, soubz couleur de quelque mandement au contraire que feissions ou octroyessions sur ce, et
quelzconques nonobstances que contenues feussent en icelles
ou iceulx mandemens, auxquelz nous ne voulons aucunement
estre obéy; et se icellui trésorier enfraint aucunement
ceste présente défense, nous dès maintenant pour lors le
privons de son office, et si voulons que tout ce qu'il en
auroit employé en autres usaiges que en celluy cy dessus
déclairié ne soit alloué en ses comptes, mais soit recouvré
sans déport sur lui ou sur ses hoirs.

DE L'HOSTEL DU ROY[3].

135. *Comment le Roy veult que les gens de son Grant
conseil, présens des gens des comptes, le grant maistre d'ostel
et autres chiefz d'offices des hostels du Roy, de la Royne
et du Daulphin, diminuent, et modérent le gouvernement*

---

1. A. « qui pour le temps est ».
2. O. « pourquoy ».
3. Ce titre n'est pas dans O.

desdiz hostelz en serviteurs et despence, etc. — Item, quant au fait du gouvernement de nostre hostel, attendues les grans charges que de présent avons à suppo.;er et les grans diminucions de noz finances, et qu'il[1] est chose nécessaire et expédient de donner bonne reigle, modéracion et ordonnance ès despences des hostelz de nous, de nostre très chière et très amée compaigne la Royne, de nostre très chier et très amé ainsné fils Loys duc de Gienne, daulphin de Viennoys, nous, voulans les despences desdiz hostelz et de chacun d'iceulx estre modérées et diminuées à l'utilité et prouffit de nous et de nostre royaume, et icelles estre ramenées et réduites en tant que faire se pourra aux bons et honnourables estat et gouvernement de très excellens et eureuses mémoires[2] nos besa;eul, ayeul et père, leurs compaignes et enffans, cui[3] Dieu pardoint, ou l'un d'iceulx, commandons et très expressément enjoingnons ausdiz commis a entendre et pourveoir au bien publique de nostredit royaume, que appellez avecques eulx le grant maistre de nostre hostel, aucuns des gens de noz comptes et des autres maistres et chiefz[4] d'offices de nostredit hostel, et aussi les maistres d'ostel et chiefz d'offices des hostelz de nostredicte compaigne et ainsné filz, pour lors estans devers nous et eulx, tantost après la publicacion de ces présentes, eulx tous ensemble advisent à la bonne modéracion, rigle et gouvernement des despences de tous les hostelz dessusdiz et de chacun d'iceulx, tant en nombre et expulsion de gens et serviteurs qui ne seroient nécessaires comme autrement en toutes les meilleures manières que faire le pourront; et que, pour servir nostredit filz, l'en prengne des gens et serviteurs de nostredit hostel en tant que faire se pourra bonnement[5]; et les advis, modéracions, diminucions, délibéracions, ordonnances et conclusions que les

---

1. O. « qui » est...
2. O. « gouvernement, et de très excellens et heureuses mémoires, etc. »
3. O. « que ».
4. O. « aucuns des chiefs d'offices ».
5. « Bonnement » n'est pas dans A.

dessusdiz auront sur ce prinses et faictes, voulons, mandons et expressément enjoingnons estre tenues, gardées et
réalment exécutées en tous leurs poins, selon leur forme et
teneur[1].

136. *Comment le Roy remect en sa main les terres et seigneuries qui baillées avoient esté en assiète de douaire à la
Royne sa femme, et deffend que elle n'en jouysse plus durant
le mariaige, etc.* — Item, comme depuis aucun temps en
ça nous ayons baillié et délivré à nostre très chière et très
amée compaigne la Royne, par manière de assiète de douaire
ou autrement, les villes, chasteaulx et terres de Meleun et de
Crécy en Brye[2], avecques certaines autres terres, revenues
et possessions, ensemble les aides ayans cours en icelles[3],
qui est contre les usaiges, coustumes et commune observance gardez et observez en France, par lesquelz assiète de
douaire ne doit avoir lieu pour en joyr durant et constant le
mariage de deux conjoincts, ne don fait par le mary à
femme, et aussi contre la commune observance de noz prédécesseurs roys de France, nous, actendu ce que dit est, et
aussi le bon vouloir, désir[4] et affeccion que nostredicte compaigne a de pourveoir aux grans affaires qui sont survenues
à nous et de ayder à pourveoir[5] de tout son povoir au bien
de nous et de nostre royaume, comme de ce nous sommes
deuement acertennez, et aussi que nous avons entencion de
pourveoir continuelement bien et souffisamment à l'estat de
nostredicte compaigne, avons ordonné[6] et ordonnons que
doresenavant, durant nostredit mariaige, nostredicte com-

---

1. Voir le procès verbal des États du 15 octobre 1350, art. 8 (Isambert,
Anc. lois franç. IV, 784); — H. Lemonnier, *De ministris cubiculi in Auspitio
regis Caroli Quinti,* cap. II.

2. Seine-et-Marne, arr. de Meaux.

3. Dans un compte de la Trésorerie de la reine de 1407-1411 (*Arch. Nat.* KK
48), on trouve citées les recettes de Béthencourt, de Melun, de Crécy, de
Châlons, des greniers à sel de Melun et de Saint-Dizier, des hôtels de Saint-
Ouen et du Val la Reine.

4. « Désir » n'est pas dans A.

5. « Aux grans affaires... ayder à pourveoir » n'est pas dans A.

6. « Ordonné » n'est pas dans A.

paigne ne joyra des villes, chasteaulx, revenues et possessions dessusdictes, mais voulons et ordonnons qu'elles
soient gouvernées de par nous et en nostre nom par noz
gens et officiers et à nostre prouffit, comme paravant le
bail et délivrance dessusdiz; toutesvoyes s'il advient que
l'assignacion du douaire de nostredicte compaigne ait lieu
selon les usaiges, coustume et commune observance dessusdiz, nous en icellui cas voulons et ordonnons que nostredicte compaigne, s'il lui plaist, joysse à titre de douaire
des terres, revenues et possessions qui pour icelle cause
lui ont esté baillées et assignées.

137. *Comment le Roy deffend que aucun ne face payer et
ne prengne aucunes assignacions, pencions ou charges
extraordinaires sur les deniers ordonnez pour la despence
des hostelz du Roy, la Royne et le Daulphin.* — Item, pour
ce que de jour en jour, par voyes subtiles et indirectes ou
autrement, l'en prent charges extraordinaires tant sur la
despense de nostredit hostel, comme des hostelz de nostredicte compaigne et ainsné filz, pluseurs inconvéniens et
faultes se sont ensuiz ou très grant grief, dommaige et préjudice[1] de bons marchans qui ont administré et tous les
jours administrent leurs denrées pour le fait des despences
d'iceulx hostelz, comme vins, chars, busche, foings, avoines
et autres denrées semblables, qui par le moyen desdictes
charges extraordinaires ont esté et sont reculez et n'ont
peu ne pevent estre payez de ce que par nous, par nostredicte compaigne et filz leur est deu à la cause dessusdicte,
nous, voulans à ce pourveoir, ordonnons que doresenavant
aucunes charges extraordinaires, dons ne pencions ne se
prendront sur icelles despences ne aucune d'icelles; et
voulons que se aucun[2], soubz quelque couleur ou occasion
que ce feust, prenoit ou s'efforçoit avoir et prendre sur les
despenses desdiz hostels ou de aucun d'iceulx aucune assi-

1. A « ou très grant dommage et préjudice ».
2. A donne « aucune ».

gnacion ou charge extraordinaire, tout ce qu'il auroit eu et
receu ou qu'il en auroit et recevroit feust ou soit recouvré
sur lui ou sur ses hoirs.

138. *Comment le Roy veult que tous les deniers nécessaires*
pour la despence des hostels du Roy, la Royne et le Daulphin,
soient assignez dès le commencement de l'année sur receptes
entières, sans chargier lesdictes receptes d'autres assigna-
cions. — Item, et à ce que les despences des hostelz des
dessusdiz soient doresenavant bien et deuement payées sans
interrupcion, nous avons ordonné et ordonnons que, dès le
commencement de l'année, icelles despenses et chacunes
d'icelles, comprins en ce hostellaiges et anciens gaiges
ordinaires, seront [1] par lesdiz commis sur le fait de toutes
nosdictes finances assignez sur receptes entières, sauf et
reservé la moictié des deniers de noz aides que par certain
article précédent [2] est ordonnée estre detraicte pour le fait
de noz guerres, sans ce que sur icelles receptes autres assignacions que celles ordonnées pour lesdictes despenses
soient faictes pour quelque autre [3] cause que ce soit, et se
il y a résidu oultre lesdictes assignacions d'icelles despenses sur icelles receptes [4], icellui ou iceulx résiduz seront
receuz par nostredit receveur général qui en fera mise et
despense en ses comptes.

139. *Comment le Roy ordonne que les deniers ordonnez*
pour les despenses des hostelz de lui, de la Royne et le Daul-
phin, soient faiz venir ens par les chiefz d'offices et non
aultres. — Item, pour ce que puis peu de temps en ça,
aucuns ont esté par nous commis à faire venir ens les
deniers des assignacions faictes pour les despenses des
hostelz cy dessus ès articles précédens désignez, comme

---

1. O. « soient ».
2. Voir art. 130.
3. « Aultre » n'est pas dans A.
4. O. « s'il y a résidu (où les dictes assignations d'icelles despendent sur
icelles receptes), iceluy, etc... »

superintendans oultre et pardessus les chiefz d'offices et
officiers ordinaires audit fait desdictes despenses, nous,
ycertenez que ce que dit est a esté fait à nostre très grant
charge et dommaige, mesmement que iceulx commis ont
acoustumé de prendre et avoir de nous par chacun an à
cause de ce très grans proulfiz, sans nécessité ou cause
raisonnable, nous avons ordonné et ordonnons que doresenavant nous ne aurons telz officiers ou commis, et se aucuns
en y a de présent, nous les révocquons et rappellons, et
leurs offices mectons au néant; et voulons que tous les
deniers des assignacions dessusdictes soient faiz venir ens
par lesdiz chiefz d'office desdiz hostelz par mandemens
patens de nous vérilliez et expédiez par noz commis au fait
du gouvernement de toutes nos nosdictes finances; et se
aucun pour le temps advenir se boutoit esdiz offices de
commis sur le fait desdictes despenses[1] oultre et pardessus
lesdiz chiefz d'offices, nous dès maintenant pour lors les
repputons inhabilles à iceulx offices et tous autres offices
royaulx, et oultre voulons que tous les proulfiz qu'ilz en
auroient euz et receuz à cause de ce soient recouvrez sur
eulx ou sur leurs hoirs.

DE LA CHAMBRE DES COMPTES

140. *Comment le Roy ordonne que en sa Chambre des
comptes n'aura que deux présidens, huit maistres et douze
cleres pour embas aux gaiges acoustumez.* — Item, et quant
au fait de nostre Chambre des comptes, en laquelle par
importunité de requérans ou autrement nous avons ou temps
passé creu le nombre et y en avons mis pluseurs extraordinaires et subroguez, à nostre grant charge et dommaige,
et aussi l'avons fait au regart des cleres d'embas, nous avons
ordonné et ordonnons que doresenavant en ladicte Chambre
des comptes aura deux présidens, c'est assavoir le grant

---

1. O. « finances ».

bouteillier de France et ung autre président, huit maistres, quatre clercs et quatre laiz, lesquelz se feront en nostredicte Chambre des comptes par bonne esleccion par nostre chancellier, appellez avecques lui des gens de nostre Grant conseil et autres de nostre conseil en grant et souffisant nombre, et dès maintenant avons déboutez et déboutons tous les extraordinaires et subroguez; et quant au garde de noz chartres, il fera son office comme il appartendra, et ne vendra point en nostre Chambre des comptes, se il n'est mandé, ainsi comme par noz devanciers a esté autresfoiz ordonné; et désormais tantost que leur office vacquera on y pourverra par bonne esleccion et par la manière que dit est; et quant au nombre des clercs d'aval, il en y aura douze[1] seulement, qui seront prins et esleuz par nostredit chancellier et conseil[2] en nostredicte Chambre des comptes, comme dessus est dit des maistres desdiz comptes, et dès maintenant en avons débouté et déboutons tous extraordinaires et subroguez; et voulons que se aucun doresenavant s'y boute[3] oultre le nombre et par autre manière que dessus est déclairé, que tout ce qu'il en recepvroit à cause de gaiges ou autrement soit recouvré sur luy ou sur ses hoirs[4].

141. *Comment le Roy ordonne que pour l'ancienneté des maistres de ses comptes ne soit mis aucun subrogué en leur lieu, et le Roy y pourverra par conseil et pour leur estat, se pourveu n'y a.* — Item, avons ordonné et ordonnons que doresenavant, pour quelque ancienneté, maladie, délibitacion de personne ou autres empeschemens qui surviengne à aucun noz officiers soit de Parlement, de nostre Chambre des comptes ou autres de quelque estat que ilz soient, ne

---

1. O. « deux ». — Voir Le Chanteur, *Dissertation historique sur la Chambre des comptes*, 90); — Vuitry, *Études sur le régime financier de la France*, 2ᵉ série, II, 569.

2. « Et conseil » n'est pas dans A.

3. « S'y boute » n'est pas dans A.

4. 1410, 14 *juillet* (O. IX, 511). — Voir Vuitry, *Études sur le régime financier*, 2ᵉ série, I, 282, II, 560); — A. Coville, *les Cabochiens*, 270.

soient mis ou instituez en leurs lieux aucuns subroguez, mais quant le cas advendra, nous y pourverrons par l'advis et délibéracion de nostre conseil, ainsi comme il appartendra à faire par raison; et pour ce que de présent des maistres ordinaires de nostredicte Chambre des comptes en y a aucuns qui pour anciennecté de leurs personnes ne nous pourroient prouffitablement servir esdiz [1] offices, ou lieu d'eulx, nous y pourverrons, se pourveu n'y avons, ainsi qu'il appartendra, par l'advis et délibéracion de nostre conseil, tant au regart de leurs offices, comme au regart de la provision de leurs estas et personnes [2].

142. *Comment le Roy veult que, oultre et pardessus les douze clercs de ses comptes, y aura deux correcteurs qui seront esleuz pour corrigier avant la cloture des comptes.* — Item, pour ce que pluseurs correccions ont esté obmises à faire en nostre Chambre des comptes, parquoy on ne puet si légièrement veoir les faultes qui sont ès comptes des receveurs, ne veoir l'estat d'iceulx receveurs, qui est en nostre grant préjudice et dommaige, nous avons ordonné et ordonnons que avec les douze clercs d'embas dessusdiz aura deux correcteurs, qui seront esleuz par nostredit chancellier par la manière dessus dicte, se fait n'est, lesquelz feront les correccions des comptes incontinent que ilz seront examinez, sans actendre à les faire après la closture d'iceulx comptes; et en celles qui seront à faire du temps passé, ceulx qui y seront commis y entendent le plus diligemment que faire se pourra [3].

143. *Comment le Roy ordonne que le kalendrier des jours de feste de la Chambre des comptes soit corrigé selon le kalendrier du Parlement.* — Item, pour ce qu'il est venu à nostre congnoissance que lesdictes gens de noz comptes ont fait faire [4] un kalendrier, ouquel ils ont fait mectre pluseurs

1. O. « oudict office ».
2. 1410, 14 *juillet* (O. IX, 511).
3. 1410, 14 juillet (O. IX, 512). — Voir A. Coville, *les Cabochiens*, 70.
4. « Faire » n'est pas dans A.

festes autres que celles qui d'ancienneté ont acoustumé de
estre festées en nostre court de Parlement, parquoy les receveurs et autres qui ont à besoingner en nostre Chambre des
comptes demeurent longuement, ou préjudice de nous et de
la chose publique, nous avons ordonné et ordonnons que
doresenavant nosdictes gens des comptes viengnent besoingner en icelle chambre toutes foiz que on besoingnera
en nostre court de Parlement, et que leur kalendrier soit
corrigié selon le kalendrier de ladicte court de Parlement[1].

144. *Comment, pour eviter aux fraudes, le Roy ordonne
que par les clercs des comptes ne soient escrips sur les
comptes des officiers de recepte aucuns appoinctemens de*
radiatur *ne recuperetur sans l'ordonnance des maistres des
comptes.* — Item, pour ce que pluseurs foiz est advenu,
comme nous avons entendu, que aucuns singuliers de noz
conseilliers de nostre Chambre des comptes et aussi des
clercs d'icelle, de leur auctorité, sans en parler à noz autres
conseilliers de ladicte chambre, au burel, comme il se doit
faire, ont pluseurs foiz escript pluseurs arretz et appoinctemens sur pluseurs des comptes de noz vicontes, receveurs
ou greneticrs, ou sur pluseurs articles d'iceulx, tant de
recepte comme de despense, sur lesquelz, pour la doubte
que ilz y avoient fait, ceulx qui avoient ouy iceulx comptes
y[2] avoient escript *loquatur* ou autre chose, lesquelz clercs
et conseilliers singuliers de leur auctorité y ont pluseurs foiz
escript *transeat* ou *radiatur* ou aultre tel langaige comme il
leur a pleu, qui est chose de très mauvais exemple et de
grant présumpcion, et y pourroit on noter très grant mau-
vaistié par faveur, par haine ou par autre cause, nous
enjoingnons et deffendons très estroictement à tous nosdiz
conseilliers, clercs, notaires et autres de ladicte chambre et
à chacun d'eulx, sur le serement qu'ilz ont à nous et sur
peine de faulx et de parjure, que doresenavant aucun d'eulx,

---

1. Voir Aubert, *le Parlement de Paris*, t. I, 162.
2. O. « ils ».

de quelque estat ou auctorité qu'il soit, ne soit si hardy de
escripre ou enregistrer aucun appoinctement déceptif[1],
comme de *transcat*, *radiatur*, *recuperetur* ou autre semblable, sur aucun article d'aucun compte, sinon que premièrement icellui article ait esté leu et veu en plain burel, en la
présence. et à l'ouye de tous noz conseilliers qui lors y
seront, et que ce soit par le conseil et délibéracion d'eulx,
et aussi que ce soit ce qu'ilz auront délibéré et non autre
chose[2].

145. *Comment le Roy deffend que après la closture d'un
compte aucune chose y soit allouée ne mise, sinon en plain
burel par la délibéracion des maistres, sans dons, sur
peines, etc.* — Item, nous deffendons très estroictement[3] à
nosdictes gens et conseilliers des comptes, clers et tous
autres de ladicte chambre, sur le serement qu'ilz ont à nous
et sur peine de faulx et d'estre grielvement pugniz autrement, et à chacun d'eulx, que doresenavant, quant ung compte
sera rendu et cloz en nostredicte chambre, aucun d'eulx, de
quelque estat ou auctorité qu'il soit, ne adjouste, escripve ou
change aucune chose en icellui compte, pour quelque cause
que ce soit, ne alloue ou emploie aucune chose en recepte
ou en despense, que ce ne soit en plain burel et par la délibéracion de noz conseilliers qui y seront présens, et que en
ce ne soient employez aucuns dons, sur peine de les recouvrer sur eulx.

146. *Comment le Roy ordonne que aucun mandement
touchant finances ne soit alloué ès comptes des receveurs, s'il
n'est vériffié par les trésoriers.* — Item, pour ce que pareillement il est advenu que par pluseurs foiz pluseurs lettres ou
mandemens touchans finances ont esté allouées et passées
en nostredicte Chambre des comptes, sans ce que icelles
lettres aient esté vériffiées et expédiées par noz trésoriers ou

---

1. O. « décisif ».
2. 1389, 1er mars, art. 17 (O. VII, 242).
3. O. « expressément ».

les généraulx à qui la vériffication desdiz dons et lettres compète et appartient, nous avons ordonné et ordonnons que doresenavant aucuns telz mandemens ou lettres ne soient allouez ès comptes desdiz receveurs ou grenetiers[1], se premier icelles lettres ou mandemens ne sont deuement vérilliez et expédiées par nosdiz commis qui auront le gouvernement de toutes noz finances.

147. *Comment le Roy veult que les commis à quérir et faire les nécessitez de la Chambre des comptes rendent compte de leurs entremises.* — Item, pour ce qu'il est venu à nostre congnoissance que les diz gens des comptes, quant aucuns receveurs, grenetiers ou autres[2] comptent en ladicte chambre, et aussi quant aucun d'eulx ou autres ont fait aucuns voyaiges et par la fin de leur compte ilz doivent aucune somme d'argent de reste, la dicte somme est allouée et[3] mise pour les nécessitez de la chambre sans déclairier quelles nécessitez, et en alloue l'en tous les ans pluseurs grans sommes de deniers, si comme il appert par iceulx comptes, ou grant préjudice et dommaige de nous, nous avons ordonné et ordonnons que ce doresenavant ne se face plus ; et voulons que se aucune chose est prinse desdictes restes pour les nécessitez de ladicte chambre, que les commis à faire lesdictes nécessitez facent de ce mise et recepte, et en rendent compte en ladicte chambre, comme il appartendra.

148. *Comment le Roy ordonne que quant aucun loquatur aura esté mis sur ung compte, que les noms des maistres présens à la décision d'icellui soient enregistrez ou livre des Mémoriaulx.* — Item, pareillement est advenu que pour cause de ce que quant aucun *loquatur*, arrest de compte ou aucune[4] chose touchant le fait de ladicte chambre est

1. « Ou greneticrs » n'est pas dans A.
2. O. « contrerolleurs ».
3. O. « en ».
4. O. « autrement ».

décidé en icelle, on n'a point enregistré les présens à la décision de ce que dit est, et par ce s'en pevent ensuir plu-seurs inconvéniens, car ung chacun à part pourroit escripre sur ledit compte que lesdiz arrestz ou autres choses seroient faictes par la délibéracion des maistres de ladicte[1] chambre, nous avons ordonné et ordonnons que doresenavant la déci-sion et arrestz touchans le fait de ladicte chambre et les noms des présens seront enregistrez ou livre des Mémo-riaulx ou Journal de ladicte chambre, et ce enjoingnons très estroictement à nosdiz gens des comptes, mesmement en matières de grans poix.

149. *Comment le Roy ordonne que, se ès jugemens des comptes il y a descord, aucuns des présidens de Parlement et autres conseilliers du Roy et des comptes pourront ouyr les parties et les appoincter.* — Item, pour ce que lesdictes gens de noz comptes ou temps passé ont entreprins juridi-cion et congnoissance de cause par forme de plaidoyerie et en autres choses qui ne concernent[2] point directement[3] le fait des comptes, et avec ce ont voulu maintenir[4] que de leurs sentences, jugemens et appoinctemens on ne povoit ou devoit appeler, nous avons ordonné et ordonnons que doresenavant nosdictes gens des comptes n'entreprengnent congnoissance de cause par forme et ordre de procès où il chiet plaidoyerie, et mesmement ès choses qui ne regardent directement fait des comptes ; et s'il advenoit débat pour cause de ce entre parties, c'est assavoir que l'une d'icelles deist l'article regarde fait des comptes, et l'autre non, les-quelz débatz se puissent ordonner et déterminer sommère-ment et de plain par l'inspeccion des comptes ou autrement, sans plaidoyeries en fourme de procès, nous voulons que nosdictes gens en puissent ordonner et déterminer sans ce qu'il loise à aucun appeller ou réclamer, et s'il advenoit

1. O. « nostre ».
2. O. « concluent ».
3. « Directement » n'est pas dans A.
4. O. « maintir ». La correction est indiquée en marge.

que aucun en appellast, nous ne voulons y estre différé ou
obéy par forme d'appel ; mais se de leurs sentences ou jugemens touchans et concernans directement ledit fait de
compte, aucune partie estoit plaintive à nous ou à nostre
court de Parlement, aucuns des présidens de nostredicte
court, avecques eulx [1] aucuns de noz conseilliers en icelle
court, appelez aussi [2] avecques eulx des gens de nosdiz
comptes, orront les parties et en ordonneront sommèrement
et de plain, sans longue figure de procès, comme il appartendra à faire par raison ; et est nostre intencion et
voulons [3] que, ou cas que contre nostredicte défense les
dictes gens de noz comptes entreprendroient autre congnoissance de cause ou juridicion que par la forme que dit
est, ung chacun qui se sentiroit à grever en peust appeller
à nostredicte court de Parlement, ou que adjournement en
cause d'appel lui en soit sur ce baillié [4].

150. *Comment le Roy ordonne que aucun* traditus *ne*
soit escript sur aucun compte, se les clercs ne sont pretz pour
oÿr lesdiz comptes. — Item, pour ce qu'il advient souvent
que nosdictes gens des comptes au burel amont, er favour
des receveurs ou autrement, quant lesdiz receveurs présentent leursdiz comptes au burel, sans parler aux clercs
d'embas [5] qui doivent oÿr les comptes d'iceulx receveurs,
signent iceulx comptes *traditus*, et deslors en avant lesdiz
receveurs prennent sur nous leurs gaiges, et ne se pevent oÿr
leurs comptes pour les empeschemens que ont lesdiz clercs
des autres que ilz oyent, ou que il y a autres receveurs qui
sont venuz paravant compter, parquoy souventes foiz

1. O. « appellez aucuns... »
2. « Appellez aussi » n'est pas dans A.
3. O. « voulenté ».
4. 1320, 3 janvier, art. 33 (O. I, 705) ; — 1400, 9 mars (O. IX, 418). — Voir
Lechanteur, *Dissertation historique sur la Chambre des comptes*, 22, seq. ;
A. Coville, *les Cabochiens*, 71-73 ; Aubert, *le Parlement de Paris*, II, 30.
5. Ces expressions avaient pour origine la disposition du local où était
établie la Chambre des comptes au Palais : les clercs se tenaient au rez-de-
chaussée, *embas* ou *aval* ; le bureau, où siégeaient les maîtres, était au premier étage, *amont*.

advient que nosdiz receveurs demeurent longuement à noz
despens, nous avons ordonné [1] et ordonnons que doresenavant nosdictes gens des comptes ne signeront lesdiz comptes
traditus, se paravant ilz n'ont parlé ausdiz clercs d'embas, afin de savoir quant l'en pourra commencer à [2] oÿr lesdiz comptes desdiz receveurs, afin que se ilz estoient longuement empeschiez, l'en peust renvoyer lesdiz receveurs
jusques au temps que l'en verroit que lesdiz clercs peussent
entendre et vacquer à oÿr lesdiz comptes.

151. *Comment le Roy deffend aux maistres des comptes
que ils n'embesoingnent les clercs desdiz comptes en autres
besoingnes que en celles du Roy, et cetera.* — Item, pour ce
qu'il est venu à nostre congnoissance que nosdictes gens des
comptes embesoignent souvent noz clercs d'embas en leurs
propres et privées besoingnes, pourquoy les besoingnes de
nostredicte chambre sont souvent retardées, nous deffendons à nozdictes gens des comptes que doresenavant eulx
ne aucuns d'eulx ne embesoingnent iceulx noz clercs
en autres besoingnes que ès nostres et celles de ladicte
chambre, et ce leur enjoingnons sur le serement et loyaulté
qu'ilz ont à nous [3].

152. *Comment le Roy veult que les comptes de la
despence de l'ostel du duc de Guienne soient chacun an
renduz en la Chambre des comptes du Roy, et abolit la
Chambre des comptes de sondit filz.* — Item, pour ce que
une mesme chose est et doit estre de nous et de nostre très
chier et très amé ainsné filz, Loys duc de Guienne, daulphin de Viennois, et que son estat doit tousjours estre trouvé
en nostre Chambre des comptes à Paris, ainsi comme le
nostre et celluy de nostre très chière et très amée compaigne
la Royne, et comme fait a esté ou temps passé, et mesmement pour diminuer les grans fraiz qu'il nous convient sous-

---

1. « Ordonné » n'est pas dans A.
2. « Commencer à » n'est pas dans A.
3. O. « sur la loyaulté qu'ils nous doivent et le serment qu'ils ont à nous. »

tenir pour le bien de la chose publique de nostre royaume, nous avons ordonné et ordonnons que les comptes de toutes les finances de nostredit filz et de la despence de son hostel seront rendus [1] chascun an par ses officiers et serviteurs qui ont ou auront la charge de ses finances et de la despence de son hostel, en nostredicte Chambre des comptes [2] et non ailleurs, ainsi comme le font les officiers et serviteurs de nostre très chière et très amée compaigne la Royne, et que il a esté acoustumé de nostre temps et du temps de noz prédécesseurs roys de France ; et pour ce que, par induccion d'aucuns, nostredict filz a fait et ordonné une nouvelle Chambre des comptes, laquelle est à nous et à lui de grans fraiz et grant despence, et empesche à savoir la vraye distribucion des finances qu'il y prend chacun an par nostre ordonnance [3] pour le fait de sa despence et autrement, nous avons ordonné et ordonnons que icelle Chambre des comptes de nouvel mise sus comme dit est, cesse du tout, et que aucun ne se entremecte plus de oÿr les comptes des serviteurs et officiers de nostredit filz, fors seulement ceulx de nostre dicte Chambre des comptes, comme fait a esté ou temps passé ; et se contre nostre présente ordonnance aucuns des officiers et serviteurs de nostredit filz rendoit ses comptes ailleurs que pardevant nosdictes gens des comptes, nous voulons que tout ce qui s'en fera [4] soit nul et de nulle valeur, et que arrestz de compte ou quictance qu'il en ait ne lui vaille ou temps advenir ; et oultre voulons que se aucun autre se entremect de oÿr lesdiz comptes, ne de soy appeller maistre d'iceulx, ou de prendre pour occasion de ce aucuns gaiges ou autres prouffiz, que tout ce qu'il en recevroit, à cause desdiz gaiges ou autrement, soit recouvré entièrement sur lui ou ses héritiers.

---

1. A donne « réduiz ».
2. « Des comptes » n'est pas dans A.
3. « Par nostre ordonnance » n'est pas dans A.
4. O. « qu'il en fera ».

DE PARLEMENT.

153. *De l'esleccion des presidens et autres conseilliers de Parlement, des enquestes, des requestes de l'Ostel et des requestes du Palais.* — Item, que doresenavant quant les lieux de quatre présidens et autres gens de la Grant chambre et de la Chambre des enquestes de nostredit Parlement, des requestes de nostre Hostel et des requestes de notre Palais vacqueront, nostre chancellier appellez aucuns de nostre Grant conseil esliront deux ou trois vaillans hommes de nostredicte cour de Parlement et autres saiges hommes et preudommes, lesquelz seront commis de par nous à eulx informer diligemment, secrètement et bien, tant à noz advocas et procureurs de nostredicte court de Parlement et autres notables advocas et procureurs de nostredicte cour de Parlement[1] et autres, se mestier est[2], quele personne sera bonne et ydoine a estre mise et colloquée oudit lieu qui lors vacquera, et icelle informacion faicte deuement sera rapportée en nostredicte court en la présence de nostredit chancellier et de ceulx de nostre Grant conseil, et, ce fait, par deue scrutine deuement publiée, sera pourven dudit lieu à la personne qui par le moyen dudit scrutine sera esleue; et s'il advient que aucun entre ou s'efforce d'entrer oudit office par autre manière que par la manière déclairée en ce présent article, nous voulons qu'il soit débouté dudit office comme inhabille à icellui, et dès maintenant pour lors l'en privons et déboutons et le déclairons à icellui office estre inhabille, et voulons que tous les prouffiz qu'il en aura euz et receuz soient recouvrez de fait sur lui s'il vit, et si non sur ses héritiers, par toutes les meilleures formes[3] et manières que faire se pourra[4].

---

1. « Et autres notables advocas et procureurs de nostredicte court de Parlement, » n'est pas dans A.
2. « Se mestier est » n'est pas dans A.
3. O. « voyes ».
4. 1389, 5 février, art. 5 (O. VII, 224); — 1401, 7 janvier, art. 18 (O. VIII, 416); — 1407, mars (O. IX, 188); — 1408, 7 janvier, art. 20 (O. IX, 285); — 1408, 8 mai (O. IX, 327). — Voir Aubert, *le Parlement de Paris*, I, 50.

154. *Comment le Roy ordonne que les nobles de son pays et autres gens de loingtaines contrées du royaume, qui seront souffisans, soient mis esdiz offices de Parlement par esleccion.* — Item, et aussi pour ce que nostre court de Parlement est la court capitale de nostre royaume, et que c'est chose bien afférant à nous et à nostre justice que en icelle court ait des nobles personnes de nostre royaume, pour ce que elle en sera plus décorée, nous avons ordonné et ordonnons que, ou cas que aucuns des nobles de nostre royaume vouldront avoir aucuns desdiz offices, et par ladicte esleccion ils seroient trouvez aussi souffisans que aucuns des autres, que en ce cas ilz soient préférez aux autres[1] ; et avec ce voulons que l'en y mecte, se faire se puet, gardée toutesvoyes la forme et manière de ladicte esleccion, des gens des pays de nostredit royaume, pour ce que les coutumes et usaiges des lieux sont divers, afin que de chacun pays les gens de nostredicte court de Parlement congnoissent les coustumes des pays et y soient expers[2].

155. *Comment le Roy révocque touz les dons de gaiges à vie faiz a ceulx du Parlement, se ilz n'ont servy vingt ans, et si n'en donnera nulz, se ilz n'ont servy par trente ans.* — Item, et aussi pour ce que pluseurs de nosdiz conseilliers de Parlement par importunité ou autrement ont obtenu de nous octroy de leurs gaiges à vie, et aussi entreprennent commissions et délaissent souventesfoiz leurs offices, ou très grant prejudice de nous et de la chose publique de nostre royaume, nous révocquons et adnullons par ces présentes tous octroiz et grâces par nous à eulx faiz desdiz gaiges à vie, se ilz ne nous ont servy esdiz offices par l'espace de vingt ans, soient présidens et autres, lesquelz gaiges nous ne voulons doresenavant estre payez à aucuns de nosdiz conseilliers dudit Parlement, soient présidens ou autres, quant ilz se transporteront ou yront hors en commis-

---

1. « Que en ce cas ilz soient préférez aux autres » n'est pas dans A.
2. « 1407, 7 janvier, art. 1o (O. VIII, 516). — 1408, 7 janvier, art. 20 (O. IX, 285). — Voir A. Coville, *les Cabochiens*, 64.

sion pour parties dont ilz prendront salaires[1]; toutesfoiz
ceulx de nosdiz conseillers qui en leursdiz offices nous ont
servy oultre ledit temps de vingt ans jouyront desdiz gaiges
à vie, selon ce que octroyé leur avons et que expédié leur
a esté en la Chambre de noz comptes, supposé qu'ilz voisent
hors en commission pour parties; et ne octroyerons
doresenavant telz ne si amples gaiges à vie à aucuns de nosdiz conseilliers, se préalablement ilz ne nous avoient ou
ont servy esdiz offices l'espace de trente ans; et se
aucuns de nosdiz présidens ou conseilliers dessusdiz
enfraint ceste présente nostre ordonnance, nous voulons
que sur les enfraignans icelle ou sur leurs hoirs soient
recouvrez tous les gaiges et prouffiz qu'ilz auroient prins et
perceuz à cause de ce[2].

156. *Comment le Roy deffend aux présidens de Parlement,
des enquestes et des requestes du Palais, que durant le Parlement ne autrement ilz ne voisent en commission hors Paris,
qu'il n'y ait tousiours deux présidens dudit Parlement, ung
des enquestes, et cetera.* — Item, ordonnons et defendons
aux présidens tant de la Grant chambre comme des
enquestes, et à chacun d'eulx, que doresenavant ilz ne se
chargent de tant de commissions qu'ilz ont acoustumé, pour
aler hors de nostre ville de Paris, que durant le Parlement
il n'y ait deux ou trois desdiz présidens de ladicte Grant
chambre et ung des enquestes, et en temps de vacacions
que d'iceulx présidens de la Grant chambre n'en ait tousjours à Paris résidens deux ou ung à tout le moins; et
aussi que les conseilliers de nostredicte court ne voisent
point hors durant le Parlement, se ce n'est par licence de
nostredicte court de Parlement publiquement requise, et par
délibéracion de la chambre; et aussi défendons aux gens
des requestes de nostre Palais que ilz ne voisent hors en tel

---

1. 1408, 7 *janvier, art.* 20 (*O. IX,* 286). — Voir Aubert, *le Parlement de Paris,*
I, 135.
2. 1389, 5 *février, art.* 4 (*O. VII,* 224); — 1405, 3 *février* (*O. XI,* 108); —
1409, 23 décembre (*O. XI,* 487).

nombre que tousjours il n'en demeure en nostre ville de
Paris quatre ou trois d'iceulx du moins, et ce leur enjoingnons sur les seremens qu'ilz ont à nous.

157. *Comment le Roy ordonne et deffend que en ung
Parlement chacun président ne puisse avoir que une commission pour aler hors de Paris, à quarante lieues au plus.* —
Item, combien que ce soit chose très afférant et nécessaire
que les présidens de nostre Parlement soient souventesfoiz
près de nous et facent résidence comme continuele en
nostre bonne ville de Pa is, pour vacquer et entendre au
fait de la justice de nost.e royaume et pour venir en noz
conseilz, quant mandez y sont, néantmoins, comme entendu
avons, pluseurs d'eulx se appliequent à prendre par chacun
an pluseurs et diverses commissions pour parties, pour aler
hors de nostredicte ville de Paris en loingtaines parties,
dont pluseurs inconvéniens s'en sont ensuiz ou temps passé,
ou préjudice de nous et de nostre justice, telement que nos-
tredite court est souvent demourée desnuée d'iceulx présidens, au moins de la plus grant partie d'eulx, et que nous
ne les avons peu avoir pour assister à noz conseulx, quant
mandez les y avons, dont noz besoingnes et affaires et le
bien de la justice de nostredit royaume ont été retardez[1],
nous, voulans à ce pourveoir, avons ordonné et ordonnons
que doresenavant, quant les commissaires de nostredicte
court se distribueront, chacun de noz présidens n'aura en
ung Parlement que une commission pour parties, et encores
que ce soit au plus près de Paris que faire se pourra, et au
plus loing de trente lieues ou de quarantes lieues, afin que
se besoing est, nous le puissons avoir pour nosdiz affaires,
se ce n'estoit toutesvoyes que nous l'eussions envoyé ou
voulsissions envoyer en ambaxade ou autrement pour noz
besoingnes, et ce leur enjoingnons et à chacun d'eulx, sur
les seremens et loyaultez qu'ilz ont à nous ; et avec ce leur

<hr>

1. 1401, 13 novembre (Isambert, *Anc. lois françaises*, VII, 151). — Voir Nicolas
de Baye, *Journal*, I, 202 ; A. Coville, *les Cabochiens*, 63 ; Aubert, le *Parlement
de Paris*, I, 118.

commandons très estroictement que, pour le temps advenir, ilz distribuent deuement et en bonne qualité, sans faveur ne accepcion de personnes, les commissions de nostredit Parlement, appellez à ce jusques au nombre de six ou huit des anciens conseillers d'icelle court en la manière du temps passé acoustumé.

158. *Comment le Roy ordonne que les secrez des procès de Parlement soient gardez sans réveller, sur peine, etc.* — Item, souventes foiz il est advenu que les secrez et estat des procès pendans en nostredicte court ont esté révélez, qui est chose deshonneste et contre le serement de ceulx qui les faisoient et contre noz ordonnances sur ce piéça faictes, pour ce derechief avons deffendu et deffendons à tous ceulx de ladicte court, soient présidens ou autres et autres repairans ou fréquentans en icelle, de quelque estat ou condicion qu'ilz soient, sur peine de parjure et de amende arbitraire, que doresenavant ilz ne soient si hardiz de réveller à quelque personne que ce soit, ce qu'ilz auront veu ou ouy ou qu'ilz sauront touchans les procès et conseulx de ladicte court ; et s'il est trouvé que le contraire soit fait, nous enjoingnons et commandons ausdiz présidens et autres de ladicte court et à chacun d'eulx, sur le serement qu'ilz ont à nous, que ilz se informent ou facent informer bien deuement et en facent faire tele pugnicion par la déclaracion[1] des conseilliers de nostredicte court, que ce soit exemple à tous autres.

159. *Comment le Roy ordonne qu'il n'aura que ung président clerc et ung lay en la Chambre des enquestes.* — Item, et pour ce que pluseurs foiz est advenu que quant aucuns procès ont esté jugiez en la Chambre des enquestes de nostre Parlement, par les enquestes[2] d'iceulx procès ont esté trouvez pluseurs crimes et déliz avoir esté commis et perpetrez par les nommez en icelles enquestes, desquelz crimes et

1. O. « délibération ». — Voir Aubert, *le Parlement de Paris*, I, 161.
2. O. « enquesteurs ».

délitz aucune pugnicion ne s'en est ensuye, pour ce que les
deux présidens d'icelles enquestes estoient clercs et gens
d'église, qui pour ce ne vouloient pas advertir nostre procureur, pluseurs crimes sont[1] aussi escheuz incidemment en
iceulx procés[2], parquoy pour la cause dessusdicte les jugemens d'iceulx procés ont esté retardez, nous qui désirons
l'abrégement des procés et pugnicion des malfaicteurs,
avons ordonné et ordonnons que doresenavant en ladicte
Chambre des enquestes aura ung président lay, qui sera
prins de conseilliers de ladicte cour par esleccion deuement faicte par eulx, et servira aux gaiges et droiz ausquelx
il servoit paravant, comme font les deux[3] présidens clercs
qui y sont de présent, lequel président lay fera jugier en sa
présence lesdiz incidens et advertir et exécuter la provision
nécessaire des crimes et délitz qui seront trouvez esdictes
enquestes; et pour ce que de présent y a deux présidens
clers comme dit est, nous ordonnons qu'ilz y demourront
leurs vies durans[4], mais quant le premier d'iceulx yra de
vie a trépassement ou autrement délaissera ledit office, on
n'en y mectra aucun en lieu de lui, mais demourront désormais seulement ung clerc et ung lay présidens en ladctei
chambre, et quant aucun desdiz deux offices vacquera, on
pourverra par bonne esleccion comme dessus est dit.

160. *Comment le Roy ordonne que les causes de luy et
de ses officiers soient les premières expédiées.* — Item, pour
ce que par noz ordonnances anciennes noz bailliz, séncs-
chaulx et procureurs doivent venir eulx présenter en nostredicte court de Parlement à leurs jours pour faire plaidier noz
causes et instruire noz advocaz et procureurs sur icelles noz
causes, il est advenu et advient très souvent que quant
aucuns baillis, séneschaulx ou autres noz officiers sont
venuz en nostredicte court du Parlement aux jours de leurs

1. « Sont » n'est pas dans A.
2. « Procés » n'est pas dans A.
3. O. « seconds ».
4. « Vies durans » n'est pas dans A.

présentacions ou autres extraordinaires pour nosdictes
causes ou par mandement de nostre court, les présidens
d'icelle nostre court, par importunité des requérans, par
mandement de nous, de ceulx de nostre sang ou autrement,
donnent audience à pluseurs prélaz, chevaliers, escuiers et
autres gens, audevant de nosdiz officiers et de noz causes,
pourquoy est advenu et advient souvent que nosdiz officiers
demeurent très longuement à Paris en actendant leur
audience et expédicion, à noz très grans fraiz et despens et
ou préjudice de noz subgiez qu'ilz ont à gouverner à cause
de leurs offices, nous, en ensuivant les ordonnances faictes
par noz prédécesseurs, ordonnons et enjoingnons à nosdiz
présidens sur le serement qu'ilz ont à nous que doresenavant,
toutes autres causes arrière mises, ilz délivrent noz causes
et donnent audience sur icelles à nosdiz advocaz et procureurs pour l'expédicion de nosdiz officiers ; et aussi
enjoingnons à nosdiz procureurs et advocaz sur leurs seremens que, incontinent et le plus tost que bonnement pourront et que lesdiz[1] officiers les requerront, ilz se assemblent
et facent leur collacions avecques eulx, toutes autres causes,
pencionnaires et autres[2] arrière mises, afin que ilz soient
prestz de délivrer nosdictes causes toutesfoiz que nosdiz
présidens leur donneront audience.

161. *Comment le Roy ordonne que les conseillers de Parlement, qui demourront à Paris durant les vacacions en
nombre souffisant pour jugier les procès par escript, soient
payez de leurs gaiges comme le Parlement séant.* — Item,
comme autresfoiz a esté ordonné par noz prédécesseurs,
nous avons ordonné et ordonnons que, le Parlement finy
et durant les vacacions, les conseillers dudit Parlement, qui
vouldront demourer à Paris pour jugier et délivrer les procès par escript, en ce faisant, prendront leurs gaiges acoustumez ainsi comme le Parlement séant, pourveu que ilz

1. O. « nosdits ».
2. O. « tant de leurs pensionnaires comme autres ».

soient en nombre souffisant et acoustumé pour jugier selon
l'usaige et stile de ladicte court[1].

162. *Comment le Roy ordonne que en Parlement ne ès*
enquestes n'aura plus de trois conseilliers qui se attiennent de
lignaige jusques au IIIᵉ degré, et en la Chambre des comptes
n'en aura point. — Item, et pour ce que ou temps passé
en nostredicte court de Parlement a eu, comme encores a
de présent, pluseurs de noz conseilliers d'icelle court prouchains l'un à l'autre de lignaige et affinité en grant nombre,
qui ne semble pas chose raisonnable[2] ne expédient pour le
bien de justice, mesmement que l'on y pourroit noter grans
suspicions[3] et faveurs, qui sont plus à éviter en ladicte
court qui est souveraine que autre part, pourquoy nous,
voulans pourveoir aux choses dessusdictes, avons ordonné et
ordonnons que ès deux chambres de nostredicte court, c'est
assavoir en la Grant chambre de Parlement et ès enquestes,
ne pourront estre mis doresenavant plus hault[4] de trois
noz conseilliers qui se entrappartiengnent de lignaige et
affinité jusques au tiers degré incluz, selon la computacion
du droit canon, et audessoubz[5], en plus prochain degré;
et quant aux présidens desdictes chambres et aussi aux
gens des requestes de nostre Hostel, aux gens de noz
comptes et à ceulx des requestes de nostre Palais, n'en y
aura aucuns et n'y pourront estre mis et instituez qui
soient[6] du lignage ou affinité l'un à l'autre oudit degré:
et se aucun par importunité ou autrement entroit en
aucun desdiz offices, en venant contre nostredicte ordonnance, nous dès maintenant pour lors le repputons inhabile
à tous offices royaulx, et voulons que tout ce qu'il aura
receu à cause desdiz offices ou autrement soit recouvré sur
lui ou sur ses héritiers[7].

---

1. 1405, 24 août (O. IX, 86). — Voir Aubert, *le Parlement de Paris.* I, 181.
2. O. « convenable ».
3. O. « aucuns souspeçons ».
4. « Hault » n'est pas dans A.
5. O. « audessus ».
6. O. « qu'ils soient ».
7. Voir Monstrelet, *Chroniques*, éd. Douët d'Arcq, II, 322 (Requête de
l'Université); — A. Coville, *les Cabochiens*, 63.

163. *Comment le Roy ordonne que informacion soit faicte de la science et expérience de ses conseilliers de Parlement, des enquestes, de la Chambre des comptes et autres semblables, afin de deschargier les non souffisans.* — Item, pour ce que, tant par nostredicte fille l'Université comme par noz bons et loyaulx subgiez de nostredicte ville de Paris et autrement, il est venu à nostre congnoissance que ja soit ce que en nostre court de Parlement, qui est la capitale et souveraine court de tout nostre royaume, et aussi ès requestes de nostre Hostel, en la Chambre de noz comptes et des[1] requestes de nostre Palais, qui sont offices de grant honneur et représentacion, doyvent estre mis gens notables de bonne prudence et grant science, et qui soient expers tant en fait de justice et des coustumes de nostredit royaume comme en fait de comptes au regart desdiz des comptes, et que ainsi ait esté acoustumé du temps de noz prédécesseurs, néantmoins il y en y a pluseurs de présent qui par importunité ou autrement indeuement ont esté mis depuis certain temps en ça esdiz offices, lesquelz ne sont pas telz que dit est, ainçois sont les aucuns jeunes d'aaige et de petite science et expérience, et les aucuns, posé qu'ilz ne soient pas jeunes, si ne sont ilz mie de tele prudence, science et gouvernement comme il appartiendroit à l'onneur de nous, desdiz offices[2] et du bien publique de nostredit royaume, nous, pour ce voulans et désirans à ce pourveoir comme raison est, avons ordonné et ordonnons que ceulx qui seront trouvez en nostredicte court de Parlement, en l'office des requestes de nostredit Hostel et autres estaz et offices dessusdiz, non estre convenables ou prouffitables esdiz offices ou estaz, eu regart à l'onneur de nous, de ladicte court, des autres lieux dessusdiz et du bien publique de nostredit royaume, soient d'iceulx offices deschargiez, et au lieu d'eulx mises notables et souffisantes personnes; et pour enquérir et savoir ceulx de nostredicte court et des autres

---

1. O. « ès requestes ».
2. O. « officiers ».

lieux dessus déclairiez qui ne sont mie convenables ou
prouffitables à ce, nous voulons que nosdiz commis pour
entendre et pourveoir au bien publique du royaume, appellez avec eulx ancuns de nostre Grant conseil, huit de nostre
court de Parlement, c'est assavoir quatre de la Grant
chambre et quatre de la Chambre des enquestes, deux des
maistres des requestes de nostre Hostel et deux de nostre
Chambre des comptes et autres telz que bon leur semblera,
tous non suspectz en ceste matière, advisent la manière de
savoir ceulx qui ne sont esdiz offices convenables ou prouffitables, et la manière de dire sur ce leurs opinions et y
prendre conclusion selon leurs consciences, lesquelz nous
en chargons quant à ce ; et voulons que tous ceulx qui
par eulx ou la plus grant partie d'eulx seront trouvez et
conclutz telz que dit est, c'est assavoir non convenables ou
prouffitables soient deschargiez desdiz offices, et dès maintenant pour lors les en deschargons ; et voulons que ou
lieu d'eulx soient pour ceste foiz par les dessus .aesmes
esleuz et advisez autres notables personnes à l'onneur de
nous et de nostre court, desdiz autres lieux et du bien
publicque de nostredit royaume, lesquelles nous y ordonnons[1] par nos lettres patentes sans aucune difficulté ; et
voulons que s'il advenoit que aucuns de ceulx qui seront
deschargiez de leursdiz offices par la manière que dit est,
se reboutassent ou s'efforçassent, par impetracion[2] ou
autrement, de eulx rebouter esdiz offices, nous dès main-
nant pour lors les repputons et déclairons inhabilles à
iceulx et à tous autres offices royaulx, et si voulons que
tous les prouffiz que ilz ou aucun d'eulx en auroient prins
à tiltre de gaiges ou autrement soient recouvrez sur eulx ou
leurs hoirs.

164. *Comment le Roy veult que ou lieu de ses conseilliers
en Parlement, qui s'actiennent de lignaige en tiers degré soient
mis d'autres par eslecion.* — Item, pour ce que en nostre-

---

1. O. « ordonnerons ».
2. O. « importunité ».

dicte court de Parlement a de noz conseilliers en bien
grant nombre qui se actiennent de lignaige ou affinité et en
degrez bien prouchains, de quoy nostredicte court est
aucunement[1] blasmée, et s'en pourroient ensuir inconvéniens, se pourveu n'y estoit, nous voulons et ordonnons
que au regart de ceulx de nostredicte court qui se actiennent en tiers degré de lignaige ou affinité selon la computacion de droit canon et audessoubz[2], soit pourveu par nosdiz commis[3], appellez avecques eulx ceux[4] de noz conseilliers et autres déclairez en l'article prouchain précédent, au
bien de nous, du bien publicque de nostre royaume et
comme en leurs consciences il leur semblera estre à faire
par raison, lesquelz nous en chargons quant à ce.

DE LA JUSTICE

165. *Comment le Roy ordonne que tous les prévostz, bailliz, séneschaulx et autres officiers de judicature soient esleuz
en son Parlement, présent le chancelier et facent résidence
personnelle.* — Item, voulons et ordonnons que quant les
sièges de la prévosté de Paris, des seneschaucié et bailliaiges, maistrise de foires de Champaigne et autres notables
offices de judicature de nostre royaume vacqueront, il y
soit pourveu de personnes notables, saiges et expers et
congnoissans ou fait de justice selon les lieux et pays où ilz
seront assiz, lesquelles personnes seront prinses par bonne
esleccion sans faveur ou accepcion de personnes, qui se
fera en nostre Parlement en la présence de nostre chancellier, appellé avecques lui de ceulx de nostre Grant conseil[5],
et se de présent il en y a aucuns autres, il y soit pourveu

---

1. O. « anciennement ».
2. O. « audessus ».
3. O. « conseilliers ».
4. « Ceux » n'est pas dans A.
5. 1401, 7 janvier, art. 20 (O. VIII, 417). — 1408, 7 janvier, art. 22 (O. IX, 280).

par la manière que dit est, et ne seront aucuns [1] assignez de leurs gaiges sur leurs exploiz; lesquelz prévost, séneschaulx et bailliz qui à présent sont et seront le temps advenir, seront tenuz de faire continuele résidence sur leurs offices, en les exerçant en leurs personnes, comme dessus est dit; et ou cas que aucuns desdiz prévost, séneschaulx ou bailliz seroient ou demourroient oultre deux moys par chacun an dehors de leurs prévostez, séneschauciés ou bailliaiges, ilz seront privéz et mis hors de leurdiz offices, et nous mêmes dès maintenant pour lors les en privons, nonobstans quelzconques lettres de non résidence que ilz obtiengnent de nous, se ce n'estoit toutesvoyes pour nos autres besoingnes, ausquelles ilz feussent commis de par nous par lettres de commission ou pour autre cause néces-saire ou raisonnable comme ambaxade, traictée ou autres choses [2] semblables [3]; et se aucun se boutoit esdiz offices ou l'un d'iceulx par autre voye et manière que par esleccion et forme cy dessus posez, nous dès maintenant pour lors les repputons inhabilles ausdiz offices et à tous autres offices royaulx, et si voulons que tous les prouffiz qu'ilz auroient euz à cause de ce soient recouvrez sur eulx et leurs hoirs.

166. *Du sèrement que lesdiz officiers de judicature seront tenus faire à leur première institucion.* — Item voulons et ordonnons que tous nosdiz prévostz, séneschaulx, bailliz et autres juges quelzconques, excercens juridicion, jurent doresenavant aux sains Euvangiles de Dieu à leur institu-cion que, durant le temps qu'ilz exerceront leurs offices à eulx commis, ilz feront à leur povoir bon et juste jugement à toutes personnes, petiz et grans, estranges et privez, de quelque condicion et estat qu'ilz soient, et à tous leurs subgiez sans accepcion [4] faveur, hayne ou différence de per-

---

1. O. « aucunement ».
2. « Choses » n'est pas dans A.
3. 1363 (??), art. 2 (*O. IV*, 410); — 1394, 28 *octobre* (*O. VII*, 601); — 1398, 28 *mars, art. 5 (O. VIII*, 63).
4. O. « acceptation ».

sonnes et des nacions, en gardant[1] diligemment les
usaiges, stilles et coustumes approuvez des lieux de leurs
juridicions[2].

167. *Encores du sérement que lesdiz officiers feront de
non recevoir dons, etc., excepté vivres en petite quantité et
ne feront faire dons à leurs parens et amis.* — Item, et avec
ce jureront que par eulx ne par autres, ils ne recevront ne
feront recevoir or, argent ne autre chose meuble ou héritaige, pour service ou pour don, ne aucun bienffait[3] perpétuel ou à certain temps, et ne procureront que aucuns dons,
services ou bienffaiz soient donnez à leurs femmes, enffans,
frères, seurs, nepveux, niepces, cousines, cousins, affins,
affines ou domestiques, excepté seulement vivres ordonnez pour boire et pour mengier, sans oultraige et sans
fraulde, selon la condicion et chevance d'un chacun et en tele
manière qu'ilz se puissent honnestement consumer et des-
pendre en pou de jours, et qu'ilz ne recevront vivres ordonnez pour boire fors en petiz barilz, bouteilles ou potz, sans
fraulde ou corrupcion, et de ceulx qui sont riches et souffisans, et sans leur requeste, et ne venderont point ce qui
leur en demourra, mais le donneront pour Dieu; et
aussi qu'ilz ne procurent que bénéfice d'église ou offices de
seigneurs demourans en leur juridicion soient donnez ou
conférez aux personnes dessusdictes par aucuns des demourans en leurs juridicions, mais obvieront de tout leur povoir
que leurs femmes et autres personnes dessusdictes ne
reçoivent que les dons cy dessus declairez, et se ilz scevent
le contraire, ilz contraindront teles personnes à rendre et
restituer ce qu'ilz auront ainsi prins, si tost qu'il vendra à
leur congnoissance[4].

168. *Encores du serement que lesdiz officiers ne donne-*

---

1. O. « et garderont ».
2. 1389, 5 *février, art.* 7 (O. *XII*, 164).
3. O. « bien ».
4. 1389, 5 *février, art.* 9 (O. *XII*, 164).

ront aucune chose à commissaires, etc., fors vivres, etc. —
Item, jureront que ilz ne donneront ou envoyeront à noz
conseilliers, à leurs femmes ne enffans ou autres de leur
espéciale congnoissance aucuns dons ou présent, et aussi
aux comissaires que nous envoyerons pour enquérir et
savoir de leur estat, excepté vivres ordonnez pour boire et
pour mengier, en tele quantité comme il est declairié ou
prouchain précédent article[1].

169. *Du serement que lesdiz juges et les advocas et pro-*
cureurs du Roy feront qu'ilz n'auront part ou porcion ès
fermes, etc., et n'emprunteront riens des gens qui soient ou
doyvent estre mis en procès. — Item, jureront et pareillement noz advocaz et procureurs que ilz ne participeront ne
auront part ne porcion à la vendicion de noz fermes et marchiez; et avec ce qu'ilz ne emprunteront argent ou autres
choses de ceulx qui seront en procès par devant eulx ou
que ilz sauront que prouchainement y devront estre, et ce
leur enjoingnons à garder sur peine d'amende arbitraire et
de privacion de leurs offices[2].

170. *Du serement des dessusdiz qu'ilz ne soustendront*
en leurs erreurs juges rapineux ne diffamez. — Item et
jureront que ilz ne soustendront en leurs erreurs les prévostz et autres juges leurs subjects[3], qui seront rioteux,
rapineux, exacteurs, usuriers ou publiquement diffamez de
mauvaise et deshonneste vie, mais sans faveur aucune les
pugniront et corrigeront comme il appartendra pour raison[4].

171. *Du serement que touz juges obéiront aux mande-*
mens du Roy et les exécuteront. — Item, jureront nosdiz
prévotz, bailliz, séneschaulx, gardes des foires, maistres
des eaues et forestz et autres juges que ilz obéiront à noz

---

1. 1389, 5 *février*, art. 11 (*O. XII*, 165).
2. 1389, 5 *février*, art. 10 et 12 (*O. XII*, 165).
3. « Leurs subjects » n'est pas dans A.
4. 1389, 5 *février*, art. 13 (*O. XII*, 165).

lettres et mandemens et les recevront à grant révérence et
les exécuteront et feront exécuter le plus tost et diligemment que bonnement pourront, se ilz n'ont essoine excusacion ou cause légitime par laquelle ilz ne puissent ou
doivent exécuter nosdictes lettres ou mandemens, lesquelles
causes ilz nous rescripront et nous en certiffieront ou nostre
chancellier par leurs lettres patentes séellées de leurs
seaulx; et se de ce faire sont négligens ou en demeure
en commectant aucun deffault, fraulde, malice ou dissimu-
lacion, nous les en pugnirons si griefment que ce sera
exemple à tous autres [1].

172. *Comment les juges feront informacions des droiz
royaulx et se feront bailler les adveuz.* — Item, que lesdiz
prévostz, séneschaulx, bailliz et autres juges, chacun en
droit soy enquerront et feront toute diligence de savoir noz
droiz royaulx en leurs juridicions et ressors, tant en souveraineté comme autrement, et les garderont de bonne foy
sans diminucion et sans empeschement quelzconques et
sans préjudice du droit d'autruy; et afin que nous ayons
plus plaine congnoissance de noz droiz, nous ordonnons et
commandons à nosdiz prévostz, baillis, séneschaulx et
autres juges, que ilz contraignent tous noz vassaulx de leurs
jugeries et ressors à leur baillier leurs adveuz de leurs fiefs
tenuz de nous, et que de ce facent ou facent faire par le
receveur de leur judicature ung livre ou registre lequel sera
envoyé par devers nous en nostre Chambre des comptes [2].

173. *De l'eslection des lieuxtenans des juges et de la résidence d'iceulx juges.* — Item, que lesdiz prévostz, bailliz,
séneschaulx et autres juges demourront ou lieu plus principal et plus notable de leur juridicion et y tendront leur
domicile; et leur défendons très estroictement que les
subgiez de leurs judicatures ilz ne traictent ne trayent
d'une chastellenie en autre, se ce n'est pour plus tost

1. 1389, 5 *février, art.* 4 (*O. XII*, 163).
2. 1380, 5 *février, art.* 8 (*O XII*, 163).

attaindre la vérité du cas qui le requière ou autre cause
nécessaire et raisonnable, et que, se bonnement faire se
puet, ce soit ou principal siège et auditoire de leur judicature; et auront bons et souffisans lieuxtenans au mendre
nombre qu'ilz s'en pourront passer, qui ne seront maire,
eschevins, consulz ne du conseil des villes où se extendra
leur office de leur lieutenancie; ne feront aussi vicaires
ne autres juges soubz eulx de leur lignaige, parenté ou affinité ne de leur [1] trop espéciale accoinctance pour nourri-
ture ou autre grant affeccion, et ce leur enjoingnons et
défendons sur peine de privacion de leurs offices et
d'amende arbitraire; et avecques ce leur enjoingnons et
commandons sur ladicte peine que leurdiz lieuxtenans ilz
facent par esleccion de noz advocas, procureurs et conseil [2]
et autres saiges fréquentans les sièges où ilz feront lesdiz
lieuxtenans; et bien se gardent lesdiz prévostz, bailliz,
séneschaulx et autres juges que se eulx ou leursdiz lieuxtenans mesprennent ou autrement délinquent en l'administracion qui leur sera commise, ilz seront tenuz d'en respondre comme il appartendra par raison; et avec ce deffendons à nosdiz juges sur ladicte peine que de leursdiz
lieuxtenans ilz ne prengnent aucune pencion ou autre
chose qui le vaille en fraulde d'icelle pencion [3].

174. *Comment le Roy ordonne que tous bailliz et autres
juges ne se nommeront ne seront du Grant conseil du Roy.*
— Item, en oultre avons ordonné et ordonnons que lesdiz
prévostz, bailliz, séneschaulx, gardes de foires, maistres des
eaues et forestz ou autres juges ne seront point de nostre
conseil durant l'administracion de leurs offices, soit de Parlement, de notre Grant conseil ou autrement, ne ne se nommeront noz conseilliers, mais se nommeront seulement
soubz le nom de leurs offices; et se paravant ilz avoient

---

1. « Ne de leur » n'est pas dans A.
2. O. « conseillers ».
3. 1389, 5 *février*, art. 2 (*O. XII*, 162).

esté retenuz de nostre Grant[1] conseil, nous leur deffendons très estroictement et sur peine d'amende arbitraire que durans iceulx offices, ilz ne se y entremectent en aucune manière.

175. *Comment le Roy deffend que tous officiers de judicature ne tiengnent de lui ne d'autre deux offices et ne servent autre personne que le Roy, ne ne preignent aucune pencion ou bienffaiz, sur peines, etc.* — Item, encores ordonnons que nosdiz prévotz, bailliz, séneschaulx, gardes de foires, maistres des eaues et forestz et autres juges doresenavant ne execerceront ne tendront ensemble de nous ne d'autres deux offices, et avecques ce ne seront doresenavant du conseil, ne serviront à autres seigneurs, villes ou communaultez, ne seront de leurs pencions, robes ou autres[2] bienffaiz quelzconques, fors à nous tant seulement; et se par avant ces présentes ordonnances ilz estoient du conseil ou servoient à autres seigneurs ou estoient de leurs pencions, robes ou autres bienffaiz, ilz y renonceront, et se après la publicacion de ces présentes aucun fait le contraire, nous dès maintenant pour lors le privons et déboutons[3] de nostre bienffait, service ou office[4].

176. *Du serement que feront lesdiz officiers de judicature pour entretenir ces présentes ordonnances.* — Item, en oultre jureront que par eulx ne par autres, directement ou indirectement, ilz ne vendront, feront, procureront ou souffreront venir contre les status et ordonnances cy devant et cy après déclairez, qui les regardent et concernent[5] ou contro aucunes d'icelles, mais icelles tendront et garderont et feront de tout leur povoir tenir et garder selon leur forme et teneur, lesquelles nous voulons à eulx estre leues et

---

1. O. « nostredict ».
2. « Autres » n'est pas dans A.
3. « Et déboutons » n'est pas dans A.
4. 1389, 5 *février, art.* 17 (O. *XII*, 162).
5. O. « concluent ».

monstrées en faisant ledit serement et leur institucion, et
que ilz ayent copie, se ilz la demandent, laquelle nous leur
enjoingnons prendre sur leurdit serement, afin qu'ilz les
puissent mieux tenir et garder [1].

177. *Comment le Roy ordonne que ses bailliz et autres
juges tiengnent leurs assises ès lieux acoustumez, de deux
moys en deux moys pour le moins, en signifiant la prochaine
assise, sur peine, etc.* — Item, ordonnons et commandons [2]
que nosdiz prévostz, séneschaulx, bailliz, juges et autres à
qui il appartient, chacun d'eulx en sa prévosté, séneschaucié
ou bailliaige, tiengnent les assises ès lieux acoustumez estre
tenues de deux moys en deux moys à tout le moins, et que
en la fin de chacune desdictes assises, ilz facent signifier
et publier le lieu et place où ilz tendront leurs assises
ensuivans, et ce leur enjoingnons [3] et commandons sur peine
de privacion de leurs offices [4].

178. *Comment en ensuivant les anciennes ordonnances, le
Roy deffend que le prévost de Paris, ne autre bailli ou sénechal ne soient constituez èsdiz offices ès lieux dont ilz sont
natifs, sur peine de privacion, et ne se y marient ne facent
marier leurs enfans, amis et parens et ne y acquièrent
héritaiges, sur peines, etc.* — Item, en ensuivant les
anciennes ordonnances royaux [5], nous voulons et ordonnons que aucun doresenavant ne soit prévost de Paris
s'il est ney d'icelle prévosté, et aussi que aucun ne soit fait
séneschal ou bailli du lieu, séneschaucié ou bailliaige où [6] il
aura esté né, et ce défendons-nous à tous sur peine d'estre
repputez inhabilles à tous offices royaulx et d'estre recouvré
sur eulx ou leurs hoirs tous les prouffiz que a tiltre de gaiges
ou autrement e.. auroient receuz, et deffendons à tous iceulx

1. 1389, 5 *février*, *art.* 17 (*O. XII*, 166).
2. O. « commandons et enjoingnons ».
3. « Enjoingnons et » n'est pas dans A.
4. 1303, 23 *mars*, *art.* 26 (*O. I*, 362).
5. « Royaux » n'est pas dans A.
6. O. « et ».

prévostz, séneschaulx ou bailliz très estroictement que ilz ne
facent aucuns acquestz de héritaiges ou biens immeubles en
leur prévosté seneschaucié ou bailliaige ne des subgiez
d'icelle quelque part que ce soit, et se ilz font le contraire
les possessions et héritaiges seront applicquez à nostre
demaine et le pris de la vente payé, se ja payé n'estoit, à
ceulx qui auroient venduz les diz heritaiges par ceulx qui
les auroient achetez et acquestez; et avecques ce deffendons
à nosdiz prévostz, bailliz et séneschaulx que durant leur
administracion ilz ne se marient ne seuffrent estre fait
contract de mariaige à leurs enffans, frères et seurs, nepveux et prouchains cousins avec aucun ou aucune de leur
judicature ou administracion, sur peine d'amende arbitraire ;
et aussi leur deffendons sur ladicte peine que ilz ne meetent
aucunes des personnes dessus nommées en religion ou [1]
aucuns monastères ou prieurez à eulz subgiez et ne leur
acquerront aucuns bénéfices d'église èsdiz monastères, se
ilz n'avoient de nous sur ce grâce et licence espéciale passée
en nostre conseil [2].

179. *Comment le Roy deffend à tous juges que à leur
nouvelle institucion ilz ne facent nouveaulx sergens et ne
exigent des sergens aucuns deniers sur peines, etc.* — Item,
deffendons à tous nosdiz prévost, séneschaulx, bailliz et
autres juges que quant ilz seront de nouvel instituez ès
offices à eulx commis, ilz ne facent ou instituent nouveaulx
sergens ou autres officiers [3]; et aussi leur défendons sur
peine d'amende arbitraire que doresenavant ilz ne prengnent ou exigent des sergens ou autres officiers qu'ilz trouveront avoir esté instituez du temps de leurs prédécesseurs
aucune somme d'argent ou autre chose pour eulx monstrer
les lettres et institucion de leurs offices, comme on dit qu'ilz
ont acoustumé de faire, sur peine de recouvrer sur eulx ce
que prins et exigié en auroient et d'amende arbitraire [4].

1. O. « en ».
2. 1389, 5 *février, art.* 9, (*O. XII,* 164).
3. 1389, 5 *février, art.* 15 (*O. XII,* 165).
4. « Et d'amende arbitraire » n'est pas dans A.

180. *Comment le Roy deffend à tous juges de quelque auctorité qu'ilz soient, qu'ilz ne griefvent les abbayes de leur gouvernement par logerz ne autrement, et ne recoivent aucuns dons ne exigent ou facent exigier aucuns deniers pour les gardes de logerz de gens de guerre, sur peines, etc.*
— Item, deffendons expressément à tous noz juges de quelque auctorité qu'ilz soient, que des personnes de religion de leur judicature ilz ne reçoivent aucun don fors par la manière qui est cy dessus exprimé et déclairié; et avecques ce leur deffendons sur ladicte peine d'amende arbitraire que ilz ne griefvent les abbayes, priorez et autres églises des pays ou provinces à eulx commises à gouverner, et à icelles églises[1] ne logent eulx, leurs chevaulx, chiens, oyseaulx, braconniers ou fauconniers, et n'y voisent pour boire ne mengier davantage, si comme on dit qu'ilz souloient faire; et comme nous sommes[2] deuement acertennez que pluseurs de noz séneschaulx, bailliz et autres juges, soubz umbre de garder que gens d'armes ne se logassent ès abbayes, priorez et autres églises en leurs villes et manoirs de leurs séneschauciés, bailliaiges ou ailleurs, ont exigié grans finances et autres dons de gens desdictes églises, de leurs subgiez et d'autres, nous qui sommes et voulons estre protecteur et deffenseur de saincte Eglise et de noz [subgiez], deffendons très estroictement sur la peine dessusdicte à iceulx séneschaulx, bailliz et autres juges que doresenavant ilz ne exigent ou facent exigier par autres des dessusdictes gens d'églises et de leurs subgiez et autres aucunes finances et autres dons ou prouffiz quelzconques, mais icelles églises[3], noz subgiez et autres gardent et deffendent d'estre par lesdictes gens d'armes opprimez et molestez, et ce leur enjoingnons sur peine d'amende arbitraire et de recouvrer sur eulx tout ce que prins et exigié auroient pour les causes dessusdictes[4].

---

1. « Eglises » n'est pas dans A.
2. O, « soyons ».
3. « Eglises » n'est pas dans A.
4. 1389, 5 février, art. 5 (O. XII, 163).

181. *Comment le Roy deffend sur peine de privacion et pugnicion à tous ses juges que pour leurs seaulz, ilz ne prennent ou exigent aucuns deniers.* — Item, pour ce qu'il est venu à nostre congnoissance que noz séneschaulx, bailliz et autres juges pour leurs propres et privez seaulx ont prins receu et exigié grans finances et soubz umbre de ce ont fait pluseurs griefz et extorcions dont noz subgiez ou temps passé ont esté moult grevez et opprimez, nous deffendons à tous nosdiz séneschaulx, bailliz et autres juges sur peine de perdre leurs offices à eulx commis et d'autrement d'estre pugniz griefment, que ilz ne facent, procurent ou seuffrent que pour leursdiz seaulz aucune finance, service ou autre prouffit quelzconques soit receu, leve ou exigié par eulx ne par autres en fraulde ne autrement en aucune manière, et se aucune chose pour ce leur estoit offert, ilz le reffusent du tout[1].

182. *Comment le Roy ordonne que l'esmolument des seaulx des bailliaiges, vicontes, etc., soient baillez à ferme à son prouffit.* — Item, pour obvier à ce que l'esmolument des seaulx et escriptures de noz bailliaiges, séneschaucies, vicontéz, ne demeurent ainsi qu'ilz ont fait ou temps passé pour ce que nous avons donné et permis prendre à aucuns de noz bailliz, séneschaulx ou vicontes les esmolumens desdiz seaulx et escriptures, lesquelz ont actrait à eulx soubz umbre de leursdiz octroiz grant partie des esmolumens des seaulx et escriptures de nosdiz bailliaiges, et aussi que lesdiz bailliz, séneschaulx et vicontes pour l'esmolument de nosdiz seaulx et escriptures ont acoustumé de faire longuement durer les procès pardevant eulx et multiplier mandemens, commissions, actes et autres lettres et escriptures ou très grant grief, dommaige et préjudice de nostre peuple et diminucion de nostre demaine, nous voulons et ordonnons que doresenavant tous les esmolumens desdiz seaulx et escriptures de nosdiz bailliz, séneschaulx et

---

1. 1389, 5 février, art. 5 (O. XII, 163).

vicontes seront[1] baillicz à ferme à nostre prouffit[2], et quant à la garde desdiz seaulx, les gens de noz comptes y pourverront[3] par esleccion de bonnes personnes ydoines et souffisans, et aussi pourverront ausdiz vicontes, se par le moyen de ceste ordonnance, ilz avoient trop petiz gaiges ou prouffiz pour l'exercite de leur office, de telz et si souffisans gaiges et prouffiz qu'il souffira, selon les estaz de leurs vicontez, appellez à ce des gens de nostre Grant conseil et de nostre Parlement en nombre compétent.

183. *Comment le Roy ordonne que les prévost de Paris, séneschaulx, bailliz et procureurs qui doivent venir en Parlement chacun an, y vendront ung ou deux jours avant le jour des présentacions de leurs judicatures et y feront résidence personnelle, etc.* — Item, avons ordonné et ordonnons que les prévost de Paris, séneschaulx, bailliz et procureurs qui ont acoustumé à venir en Parlement, vendront[4] avant la journée de leurs présentacions ung jour ou deux, et comparront[5] en leurs personnes et se présenteront chacun an le premier jour des présentacions de leurs judicatures en nostre dicte court de Parlement à Paris et y demourront sans en partir, se ilz n'ont congié et licence sur ce de nostredicte court[6].

184. *Comment le Roy ordonne que chascun an ung moys avant le jour des présentacions de chacune judicature, les juges assemblent le conseil du Roy en leurs lieux et facent collacion et mémoires de toutes les causes ressortis-*

---

1. O. « solent ».
2. 1408, 7 janvier, art. 23 (O. IX, 286). — Et. Pasquier (*Rech. de la France* l. IV, t. XVII) dit : « Tantost on bailloit ces droits à ferme, à certains temps au plus offrant et derrenier enchérisseur, tantost en garde, selon les opinions de ceulx qui gouvernoient la France ; au premier il y avoit plus de proffit, au second plus d'honneur pour nos Roys. » — Voir Vuitry, *Et. sur le régime financier*, 2ᵉ série, I, 75, 462 ; — A. Coville, *les Cabochiens*, 1413, 74.
3. O. « pourvoyent ».
4. O. « verront ».
5. O. « en comparant ».
6. 1389, 5 février, art. 16 (O. XII, 105).

sans en Parlement et les envoyent au procureur général du
Roy oudit Parlement. — Item, pour ce que souvent ust
advenu ou advient que quant nosdiz officiers sont venuz en
nostredicte court de Parlement pour eulx présenter en noz
causes et présentacions ordinaires ou extraordinaires, ilz
viennent si petitement instruiz de noz droiz que nosdictes
causes en sont souventesfoiz retardées, et si advient souvent que ou lieu de noz procureurs viennent pour instruire [1]
noz advocaz et procureurs de nostredicte court de Parlement gens de petit estat qui ne sont mie noz officiers ne
jurez à nous, parquoy ilz ne font mie diligence de poursuir
noz besoingnes et s'en ensuivent pluseurs inconvéniens à
nous et à noz droiz, nous en ensuivant l'ordonnance autresfoiz faicte par nostredicte court, mandons et estroictement
enjoingnons à noz prévost, séneschaulx, bailliz et autres
juges ressortissans sans moyen en nostredicte court, que
chacun an par l'espace d'un moys ou autre [2] temps et inter-
valle convenable, avant les présentacions de leur prévosté,
séneschaucié, bailliaige ou judicature, ilz facent assembler
pardevant eulx en chacun siège et auditoire de leur judicature noz procureurs, advocaz, conseilliers et autres officiers
par le conseil desquelz noz droiz en icellui auditoire et siège
ont acoustumé estre gardez et soustenuz et autres desquelz
il leur plaira [3] bon, et là ensemble conseillent advisent et
traictent de noz causes et besoingnes et de l'estat de celles
qui dudit siège et auditoire [4] doivent estre traictées et
démenées et aussi envoiées pour ce faire en nostre court
de Parlement, et aussi des entreprinses qui se feront contre
nous et noz droiz ès termes et limitacions dudit siège et
auditoire, et après bonne collacion et délibéracion eue,
facent bonnes instruccions et souffisans pour le démènement
de nosdictes causes et droiz, lesquelles instruccions avec
l'opinion et conclusion final en laquelle ilz demourront

---

1. O. « Informer ».
2. A donne « entre ».
3. O. « semblera ».
4. « Dudit siège et auditoire » n'est pas dans A.

touchans nosdictes causes et droiz[1] avecques les principaulx
moyens qui à ce les mouveront, et aussi les autres[2] sentences, escriptures et munimens nécessaires et convenables
pour plaidier nosdictes causes et droiz, ilz mettront
ensemble en ung sac ou autre instrument, lequel ilz
envoyeront féablement clos et scellé du scel de leur judicature devers nostredicte court de Parlement ou pardevers
nostre procureur général en icelle par les procureurs de
leur jugerie, bailliaige, séneschaucié ou prévosté, se ilz
n'ont[3] empeschement ou excusacion légitime, ouquel cas
lesdictes informacions seront envoyées par certains ydoines
messaiges, qui seront[4] noz jurez, et se bonnement se puet
faire, ceulx qui en une année[5] y auroient[6] esté, y retourne-
ront après l'année ensuivant, afin que lors nosdiz advocaz et
procureur en Parlement puissent mieulx avoir congnoissance quele diligence aura esté faicte de exécuter les délibéracions que ilz auront eues ensemble, et dont l'an précédent
ilz auront chargié ceulx qui lors seront venuz pour les instruire de noz[7] causes.

185. *Comment le Roy ordonne que le prévost de Paris et
autres juges ne entreprennent faire enquestes ne informacions loings des lieux de leurs judicatures et n'y commectent
autres, se ilz ne sont souffisans et du consentement des parties.* — Item, pour ce que pluseurs bailliz, séneschaulx,
prévostz et leurs lieuxtenans et autres juges se entremectent souvent de faire enquestes et informacions et
prennent très excessifz salaires et aucunes foiz font faire les
informacions par leurs clercs et autres personnes qui ne
sont mie de ce faire souffisans, et aucunes foiz pour les y
commectre en prennent lesdiz juges proufiz, par quoy s'en

---

1. « Lesquelles instruccions..... nosdictes causes et droiz » n'est pas dans A.
2. O. « actes ».
3. A donne « ilz ont ».
4. O. « soient ».
5. O. « autre ».
6. O. « auront ».
7. A donne « leurs ».

ensuivent et pevent ensuir souventesfoiz pluseurs inconvéniens contre le bien de justice, nous pour ces causes deffendons à tous lesdiz juges ou leurs lieuxtenans de quelque
estat ou condicion qu'ilz soient sur peine d'amende arbitraire que ilz ne s'entremectent désoresmais de faire
enquestes ou informacions loings des lieux principaulx de
leurs judicatures, se ce n'estoit pour grans cas et pour
grans excés et maléfices pour plus tost appréhender les
malfaicteurs et actaindre la vérité des maléfices et délitz et
afin que plus briefve pugnicion en feust faicte, et avecques
ce leur commandons et[1] enjoingnons sur ladicte peine que
ilz ne facent ou commectent aucunes personnes[2] à faire
enquestes et informacions, se eulx ou ceulx qu'ilz y com-
mectront ne sont à ce souffisans et que ce soit parties ouyes
et sans faveur au regart desdictes enquestes ; et avecques
ce leur défendons sur ladicte peine que pour y commectre
aucuns ilz ne ayent par eulx ne par aultre aucun prouflit, et
néantmoins voulons et ordonnons que ou cas que aucun de
nosdiz prévost, bailliz, séneschaulx ou autres juges subgiez
sans moyen de nostredicte court feront aucunes enquestes
ou informacions ès termes de leur prévosté, bailliaiges,
séneschaucié ou judicatures hors du lieu de leur domicile
pour leur salaire, ilz soient contens de XL sols, c'est assavoir
en pays de parisis de XL sols parisis et en pays de tournois, de XL sols tournois par jour, et en leur domicile[3] de
XX sols par chacun jour par la manière que dit est, et se
ilz chevauchent hors des mectes de leur prévosté, séneschaucié, bailliaige ou jugerie, ilz auront par chacun jour
trois[4] frans, et leur deffendons estroictement et sur lesdictes
peines et aussi de le recouver sur eulx que désormais[5] ilz
n'en prengnent plus, et quant aux juges à eulx subgiez ou
autres par eulx commis à faire lesdictes enquestes ou infor-

---

1. « Commandons et » n'est pas dans A.
2. O. « personnages ».
3. O. « ou lieu de leur domicile ».
4. O. « quatre ».
5. O. « doresenavant ».

macions, nous leur enjoingnons sur le sèrement qu'ilz ont
à nous que ilz leur tauxent tel et si raisonnable salaire en
regart à ce que dit est, que ilz en doyvent estre recommandez et que les parties en doyvent estre contentes par raison.

186. *Comment le Roy deffend à tous juges que aprés la
première présentacion souffisant de parties ilz ne prennent
argent à cause de nouvelles présentacions ou enregistremens.*
— Item, pour ce que pluseurs de noz juges et autres juges
subgiez ou leurs officiers et serviteurs ont acoustumé à chacune assise ou grans jours qu'ilz tiennent de prendre et
exigier de ceulx[1] qui se présentent et qui ont à faire par
devant eulx argent pour nouvelles constitucions que ilz leur
font faire, et les présentacions sont enregistrez au dos des
procuracions des parties, combien qu'il n'en soit aucune
né   ité, et pour ce faire prennent argent ou prouffit ou
pr   ~e de nostre peuple, nous avons ordonné et ordonnons que doresenavant lesdiz juges et officiers ne prengnent
aucun prouffit ou argent pour lesdictes présentacions ou
enregistremens, ne contraignent les parties à faire de nouvel lesdictes constitucions puis que une foiz les parties sont
deuement fondées pardevant eulx, et ce leur enjoingnons
nous sur peine d'amende arbitraire et de recouvrer sur eulx
tout ce que prins et exigié en auroient.

187. *Comment le Roy ordonne à tous ses juges que aprés
la destitucion de leurs offices, ilz facent résidence personnele ès lieux de leurs judicatures par XL jours aprés sans
transporter leurs biens pour ester à droit et commande aux
nouveaulx juges que parties oÿes ils facent raison et justice
sur peines de privacion, etc.* — Item, voulons et ordonnons
que tous noz bailliz, séneschaulx et autres juges, aprés ce
que ilz seront destituez ou deschargiez de leurs offices
demorerront en leursdictes séneschaucies, bailliaiges ou
judicatures, sans transporter aucuns de leurs biens hors de

---

1. O. « d'iceulx ».

leurs domiciles, par l'espace de XL jours après ce que ou
lieu d'eulx aura nouveaulx juges instituez et ordonnez, pour
ester à droit et respondre à tous ceulx qui se vouldront
plaindre d'eulx et contre iceulx faire aucunes demandes ou
requestes ; et seront lesdictes requestes baillées aux séneс-
chaulx, bailliz ou autres juges successeurs, ausquelz nous
enjoingnons et commandons très estroictement que lesdiz
séneschaulx, bailliz ou autres juges leurs prédécesseurs ilz
facent respondre péremptoirement de leur bouche et par
serement et aux parties, icelles oyes, facent raison et justice
sommèrement et de plain sans figure de jugement et par
voye de réformacion ; et avecques ce commandons à noz
procureurs desdictes séneschauciés, bailliaiges ou autres
judicatures, que sur ce ilz solicitent très diligemment iceulx
séneschaulx, bailliz et autres juges, et que ilz se adjoing-
gnent avecques les parties, quant les cas le requerront, et
ces choses commandons et enjoingnons ausdiz séneschaulx,
bailliz ou autres juges et procureurs sur peine de perdre
leurs offices et de estre autrement pugniz[1].

188. *Comment le Roy veult ces présentes ordonnances
estre publiées chacun an une foiz en chacune assise le premier [jour] d'icelles et ylec enregistrées en tant qu'il touche le
fait de justice.* — Item, que en chacun siège d'une chacune
séneschaucié, bailliaige et autres judicatures seront leues
publicquement devant tous clercs et laiz et publiées en jugement chacun an une foiz le premier jour de l'assise dudit
siège ces présentes instruccions et ordonnances en ce que
elles regardent[2] lesdiz séneschaulx, bailliz, prévostz et
autres juges[3] et enregistrées en chacun siège de une chacune séneschaucié, bailliaige ou autre judicature, et mises
et affichées en ung tableau publiquement ouquel chacun les
puisse trouver et lire au plus principal et notable siège
d'une chacune desdictes séneschauciés, bailliaige ou judica-

---

1. 1389, 5 *février, art.* 18 (*O. XII*, 166).
2. O. « *regarderont* ».
3. « Juges » n'est pas dans A.

ture, au lieu où on a acoustumé de tenir les assises en signe
de perpétuel mémoire, et afin qu'il soit mémoire à tous et
que aucun n'en puisse prétendre aucune ignorance[1].

189. *Comment le Roy deffend à tous ses procureurs que
ilz ne se adjoingnent avecques quelque partie sans informacion précédent ou par le commandement du juge.* — Item,
pour ce que souventesfoiz est advenu et advient que noz
procureurs de noz prévostez, séneschauciés, bailliaiges ou
jugeries ou leurs substituz en faveur d'aucuns leurs amis[2]
ou de ceulx qui leur feront[3] aucun plaisir ou prouffit se sont
adjoincts et adjoingnent avecques aucunes parties contre
autres sans informacions précédentes[4], commandement de
juge ou que autrement faire le doyvent, sinon de leur plaisir
et voulenté, ou pour faire plaisir à ceulx avecques lesquelz
ilz se adjoingnent, ou très grant préjudice et défoulement
de la cause de cellui contre lequel ilz se adjoingnent et
contre le bien de justice, nous par ces présentes deffendons
très estroictement[5] à chacun de nosdiz procureurs, sur
peine de privacion de leurs offices et d'estre très griefment
puguiz, que doresenavant aucun[6] d'eulz ne se face partie
contre quelque personne que ce soit, soit pour chose touchans nos droiz ou demaine, ou ès matières d'excez, d'at-
temptas, de injures ou de délit, que ce ne soit par bonne
informacion deuement faicte par lui veue, par laquelle il lui
appère de la cause pour laquèle se fait partie, ou pour cas
tout[7] notoire et commun, ou que le cas feust advenu[8] en sa
présence en jugement ou dehors ou par le commandement
et ordonnance[9] de son juge.

---

1. 1389, 5 *février*, *art.* 19 (*O. XII*, 166).
2. A donne « commis ».
3. O. « font ».
4. « Précédentes » n'est pas dans A.
5. O. « expressément ».
6. A donne « chacun ».
7. O. « tant ».
8. O. « venu ».
9. « Et ordonnance » n'est pas dans A.

190. *Comment le Roy ordonne que les prévostez et autres offices de judicature que l'en baille à ferme ne soient plus baillées, mais soient baillées en garde à gens souffisans qui seront esleuz, etc., en deffendant que plus grans amendes ne soient payées que l'en payoit, quand lesdiz offices estoient baillées à ferme.* — Item, pour les grans clameurs et complaintes que eues avons des griefz et oppressions qui ou temps passé ont esté faiz à nostre peuple des personnes qui ont tenu à ferme les prévostez, mairies et jugeries de nostre royaume, nous voulans eschever tèles choses et en relever nostre peuple, avons ordonné et ordonnons que doresenavant toutes lesdictes prévostez, mairies et jugeries soient[1] baillées en garde et y soient[2] mises et establies bonnes et souffisans personnes des lieux et pays ou des plus prouchains, par bonne esleccion qui se fera par nostredit chancellier et nosdiz commis pour ceste foiz en nostre court de Parlement, appellez avecques eulx des gens de nostre Grant conseil et des gens de noz comptes, et en l'absence de nostredit chancellier par aucuns des présidens de nostredicte court, appellez les dessus nommez, laquelle esleccion se fera sans aucune faveur ou accepcion de personne, et leur seront par nosdictes gens des comptes ordonnez et tauxez gaiges souffisans selon leurs estatz et les charges qu'ilz auront èsdiz offices et tout par noz lettres passées par nosdiz conseilliers et faictes par les greffiers de nostre Parlement et non autrement[3]; et voulons et ordonnons que paravant ladicte esleccion bonnes informacions soient faictes par les bailliz devant qui les prévostz[4] desdictes prévostez sortissent sans moyen, à noz advocas et procureurs et autres gens de pratique et d'autre estat, se mestier est, demourans ès fins et mectes d'icelles prévostez et bailliaiges qui en leurs déposicions nommeront par ordre

---

1, 2. O. « seront ».
3. 1409, 7 janvier, art. 25 (O. IX, 287). — Voir : 1346, 5 février, art. 1 (O. II, 238); 1357, 3 mars, art. 8 (O. III, 129), et Vuitry, *Etudes sur le régime financier*, 2ᵉ série, I, 466; A. Coville, *les Cabochiens*, 75.
4. « Les prévostz » n'est pas dans A.

trois ou quatre personnes qui leur sembleront estre bonnes
et prouffitables ausdictes prévostez obtenir avecques leurs
adviz, et icelles informacions faictes que elles soient appor-
tées en nostre court de Parlement pour pourveoir et procéder en ladicte esleccion comme dessus est devisé ; et en
oultre mandons et estroictement enjoingnons nous à tous
noz subgiez[1], sur quanque ilz se pevent meffaire envers
nous que ainsi[2] ilz le facent en leurs terres et pays, par
provision tele que, ès cas et matières des appellacions qui
se feront pardevant lesdiz seigneurs, leurs juges, maires,
prévostz et officiers ne paieront[3] autres ne plus grans
amendes qu'ilz faisoient au temps que iceulx offices estoient
bailliez à ferme ; et s'aucuns entroient en l'un desdiz
offices par autre voye que celle dessus devisée, nous dès
maintenant pour lors les repputons inhabilles à icellui et les
en privons et déboutons par ces présentes, et voulons que
tous les prouffiz qu'ilz auroient euz et perceuz à cause de
ce feussent et soient recouvrez sur eulx ou sur leurs hoirs.

191. *Comment le Roy ordonne que à Paris ne ailleurs en
tous lieux de judicature n'y ait plus grant nombre de sergens
que le nombre ancien et ès lieux où il a sergens sans nombre
limyté, que ledit nombre soit limyté raisonnablement.* —
Item, pour relever nostre peuple des griefz et oppressions
qu'il a eues ou temps passé pour la multitude des sergens
de présent estans en nostre royaume, nous avons voulu et
ordonné, voulons et ordonnons que tous noz sergens constituez tant en nostre prévosté de Paris comme ès autres
séneschaucies, bailliaiges et autres juridicions de nostredit
royaume, soient ramenez et réduiz et iceulx ramenons et
réduisons, c'est assavoir ceulx de ladicte prévosté et de nostre
Chastellet de Paris au nombre déclairié ès ordonnances

1. « Subgiez » n'est pas dans A.
2. O. « semblablement ».
3. O. donne « ...que ès cas et matières des appellations qui se feront *desdits
seigneurs,* leurs juges, maires, prévosts ou officiers, *iceux seigneurs* ou leurs-
dits juges et officiers ne payeront... etc. »

sur ce faictes en nostredit Chastellet, et ceulx des autres
séneschauciés et bailliaiges de nostredit royaume, èsquelles
ou èsquelz d'ancienneté a eu limitacion de sergens, nous
réduisons et ramenons au nombre ancien; et donnons en
mandement en commandant très expressément à tous nosdiz
prévost, séneschaulx ou bailliz que ceste présente ordonnance, chacun en droit soy, mecte[1] à exécucion deue ès
fins et mectes de sa juridicion, et en oultre que ès lieux
de leurs judicatures èsquelz ou temps passé n'a eu limitacion de nombre des sergens, que ilz y pourvoyent de
nombre compétent et non excessif, en retenant[2] les plus
souffisans et convenables à ce et en expellant[3] tous les
autres, lesquelz nous expellons[4] par ces présentes, et se
aucun par importunité ou autrement impetroit et se boutast èsdiz offices, nous dès maintenant pour lors le repputons inhabille audit office et le privons d'icellui, et oultre
voulons qu'il en soit pugny de amende arbitraire[5].

192. *Comment le Roy deffend aux maistre d'ostel et cham-
berlen toute congnoissance de cause, si n'est à cause du gouvernement des officiers et familliers de l'ostel du Roy et pour
cause de leurs offices, etc.* — Item, pour ce qu'il est venu
à nostre congnoissance que noz chambellains, les maistres
de nostre Hostel et autres chiefz d'office d'icellui Hostel
entreprennent souvent autre et plus grant juridicion qu'il
ne leur appartient et contre pluseurs ordonnances faictes
par noz prédécesseurs, nous avons ordonné et ordonnons
que lesdiz maistres de nostre Hostel n'auront aucune
congnoissance de ce, se ce n'est quant aucuns des servi-

---

1. O. « mettre ».
2. O. « recevant ».
3. O. « appellant ».
4. O. « en appellons ».
5. Aucune disposition n'est plus fréquente au XIV° siècle, voir par exemple :
1303, 23 mars, art. 32 (O. I, 563), 1318, 18 juillet, art. 43 (O. I, 661), 1320, mars,
art. 9 (O. XII, 449), 1346, 15 février, art. 3 (O. II, 236), 1355, 28 décembre, art.
21 (O. III 31), 1357, 3 mars, art. 28 (O. III, 137), 1360, 5 décembre, art. 4 (O. III,
439), etc., et Vuitry, *Études sur le régime financier*, 2° série, II, 419.

teurs ou officiers de nostre Hostel servans en ordonnance et
y demourans continuelement feront aucune faulte en leur
office, ou quant ilz vouldront faire poursuite l'un contre
l'autre en accions pures personneles ou de menuz délitz
pour lesquelz ne se doye ensuir peine capital; et ou cas que
aucuns[1] des dessusdiz vouldroit[2] faire aucunes demandes
personeles, soit en matières de injures ou autres, contre
aucuns qui ne sont mie de nostredit Hostel et servans
en ordonnance et n'y demeurent[3] continuellement, ilz les
feront devant les ordinaires[4] des deffendeurs et les porront faire commectre, se bon leur semble, pardevant les
gens tenans les requestes en nostre Palais à Paris; et ou
cas que aucun autre que ceulx de nostredit Hostel de la
condicion dessusdicte, vouldront faire aucune demande pure
personele contre eulx, les maistres des requestes de nostre
Hostel en auront la congnoissance en deffendant tant seulement, et quant aux causes réeles soit en demandant ou
en defendant, elles seront déterminées[5] devant les ordinaires, si non que pour aucune raisonnable et particulière
cause nous ou nostre chancellier en commeissions à aucun
autre juge la congnoissance, et se nosdiz maistres d'ostel
font le contraire, nous déclairons dès maintenant pour lors
les procès qui se feront devant eulx estre nuls et de nul
effect ou valeur, et quant aux autres officiers de nostredit
Hostel, nous déclairons iceulx non avoir à cause de leurs
offices aucune jurisdicion ou congnoissance de cause, et
leur deffendons estroictement que d'icelles ilz ne usent
aucunement[6].

---

1. « Aucuns » n'est pas dans A.
2. O. « voudroient ».
3. O. « et y demeurant ».
4. O. « ordonnances ». La correction « ordinaires » est indiquée en marge.
5. O. « terminées ».
6. Les mesures prises pour réduire la juridiction des maîtres de l'Hôtel
sont également très nombreuses au xive siècle, voir : 1319, 25 février, art. 6
(O. I, 680), 1344, décembre, art. 6 (O. II, 210), 1346, 15 février, art. 6 et 7 (O.
II, 228), 1351, 5 avril, art. 17 et 18 (O. II, 407), 1355, 28 décembre, art. 18
(O. III, 30), 1357, 3 mars, art. 23 (O. III, 30), 1357, 3 mars, art. 23 (O. III, 135),
etc.

193. *Comment le Roy deffend à ses maistres d'ostel et chiefz d'office que pour deffault de comparoir devant eulx, ils ne prennent aucune amende ou prouffit sur peine d'amende arbitraire.* — Item, est advenu pluseurs foiz que lesdiz maistres de nostre Hostel et autres chiefz d'office d'icellui, combien qu'ilz n'ayent aucune[1] juridicion que par la manière que dit est ou précédent article, toutesfoiz ilz ont prins de ceulx qui ont failly à comparoir pardevant eulx pluseurs prouffiz, c'est assavoir LX sols parisis d'amende pour chacun deffault contre raison et lesdictes ordonnances et ou préjudice du poure peuple, pourquoy nous deffendons très estroictement à tous les dessusdiz et chacun d'eulx et sur peine d'amende arbitraire que doresenavant ilz ne lièvent ou exigent d'aucun défaillant devant eulx aucun prouffit ou amende.

194. *Comment le Roy deffend que les maistres d'ostel et chiefz d'office ne facent adjourner devant eulx autres personnes de l'Ostel du Roy seulement et à jour et lieu certains sur peine, etc.* — Item, est advenu souvent que quant nous avons chevauchié par aucuns lieux et pays, nosdiz maistres d'ostel et autres officiers dessusdiz ont pluseurs foiz fait adjourner par devant eulx pluseurs personnes en quelque lieu que nous feussions, sans autrement déclairier le lieu, et des défaillans ont prins pluseurs prouffiz et amendes et les ont appliquez à leur prouffit, ou grant préjudice de nostre peuple, pourquoy nous, en ensuivant les ordonnances de noz devanciers, deffendons très expressément et sur peine d'amende arbitraire à tous nosdiz officiers, que désoresmais[2] ou cas dessusdit ilz ne facent aucuns adjournemens par devant eulx, sinon au regart des personnes et par la manière déclairée ou deuxiesme article prochain précédent, et que ce soit à jour, heure et lieu certains et compétens.

195. *Comment le Roy deffend à ses officiers que pour son*

---

1. O. « autre ».
2. O. « doresenavant ».

séel de secret soient prins aucuns deniers. — Item, pou: ~e qu'il est advenu à nostre congnoissance que de nouvel noz chambellains ont mis sus et s'efforcent exigier et faire paier à tous ceulx qui ont aucunes lettres séellées de nostre séel de secret[1], Il solz parisis pour chascun séel, mesmement quant lesdictes lettres sont signées de nostre main, soubz umbre de ce qu'ilz dient que c'est[2] pour donner à l'Ostel Dieu de Paris, en imposant nouvelle charge sur noz subgiez, laquelle chose nous ne voulons mie, et pour ce leur[3] avons deffendu et deffendons très estroictement que doresenavant pour ladicte cause ilz ne liévent ou exigent aucune chose.

196. *Comment le Roy ordonne que nul officier royal ne sera franc de son grant séel, ne de péaiges, travers et coustumes anciennes, sinon ceulz du nombre ancien.* — Item, advient[4] souventesfoiz que pluseurs personnes, soubz umbre de pluseurs offices extraordinaires que ilz dient avoir de nous ou d'autres seigneurs et dames, et non mie du nombre ancien et ordinaire, se dient estre francs et quictes de paier aucune chose à nostre grant séel et aux autres seaulx royaulx et aussi se exemptent et veulent exempter de paier coustumes, péaiges, travers anciens et accoustumez, en grant diminucion de noz droiz royaulx et demaine et de cellui de nosdiz subgiez, nous avons ordonné et ordonnons que quelque officier de nous ou d'autre soit conseillier, chambellain, maistre des requestes, maistre d'ostel, secrétaire, notaire, pennetier, eschançzon, escuier d'escuierie, varlet trenchant, huissier, sergent d'armes, varlet de chambre ou autre officier de quelque estat ou condicion qu'il soit, se il n'est du vray nombre et ordonnance pour servir à son office, ne jouyra doresenavant d'aucuns priviléges, libertez ou franchises qui appartiennent à son office, ne ne sera

---

1. O. « décret ».
2. O. « qu'il est ».
3. « Leur » n'est pas dans A.
4. « Advient... que » n'est pas dans A.

franc ou exempt à nostre grant séel ne aux autres seaulx royaulx, ne aussi aux péaiges, coustumes et travers de nostre royaume, mais payera chacun son droit, comme[1] s'il n'estoit point officier[2].

197. *Comment le Roy ordonne que, pour faire informacions, enquestes et exploiz de justice et iceulx paier, le changeur du trésor retiengne chacun an en sa main M livres tournois.* — Item, pour ce que nous sommes deuement acertennez que ou temps passé, quand[3] noz officiers tant de nostre court de Parlement comme nostre prévost de Paris, noz séneschaulx, bailliz, procureurs et autres officiers qui ont le gouvernement de justice, ont voulu faire ou faire faire aucun procès, enquestes, informacions, prinses ou autres exploiz de justice pour nous ou pour la conservacion de noz droiz royaulx et de nostre demaine, pour prendre et pugnir aucuns malfaicteurs, ou pour autre[4] bien de justice, iceulx exploiz, informacions, enquestes, prinses et autres exploiz sont demourez le plus souvent à estre faiz par faulte de finance, pour ce que ceulx qui ont eu le gouvernement de noz finances ne l'ont peu délivrer pour les autres grans charges que ilz avoient, combien que premièrement et principalment nous soyons tenus et obligiez à faire et administrer justice à noz subgiez, pourquoy nosdiz officiers de justice[5] n'ont peu mener à bonne fin et conclusion noz causes et procès, et en avons perdu pluseurs de noz droiz et demaine et pluseurs mauvais cas en sont demourez impugniz, et pour ce nous, qui de tout nostre cuer voulons à ce remédier, avons ordonné et par ces présentes ordonnons en tant qu'il touche noz causes et procès pendans et qui doresenavant seront démenez en nostre court de Parlement, soit à cause de noz droiz et demaine ou autres,

---

1. « Comme » n'est pas dans A.
2. 1410, 12 août (O. IX, 527).
3. « Quand » n'est pas dans A.
4. « Autre » n'est pas dans A.
5. « De justice » n'est pas dans A.

ou qu'il y ait aucun exploit à faire pour le bien de justice
par nostredicte court de Parlement ou par son ordonnance,
que le changeur ou receveur de nostre demaine qui doresenavant recevra les amendes et exploiz qui nous seront[1]
adjugiez par ladicte court de Parlement, retiengne et garde
pardevers lui la somme de mil livres tournois, par chacun
an et chacun parlement, des premiers deniers desdictes
amendes et exploiz qui escherront en icellui an et Parlement, pour convertir ès choses dessusdictes et non autre
part, sur peine de le recouvrer sur luy et d'amende tele
comme il semblera bon à nosdictes gens de Parlement ausquelz, après ce que en plain parquet de la Grant chambre de
nostredit Parlement par l'oppinion de noz conseilliers
d'icelle chambre aura esté conclud aucun procès, enqueste,
informacion ou autre exploit de justice devoir estre fait
pour nous ou pour le bien de justice, et quele somme d'argent y fauldra pour ce faire, nous donnons povoir et auctorité de contraindre ledit receveur à payer la somme par culx
délibérée estre nécessaire comme pour noz propres debtes,
et non obstant opposicions, appellacions, ordonnances ou
autres choses contraires quelzconques, pourveu toutesvoyes
que ledit receveur, pour compter et allouer en son compte
la somme par culx arbitrée, ait mandement à lui adreçant
passé par ladicte court et signé par le greffier d'icelle,
séellé en nostre chancellerie, vérifié[2] et signé par deux des
présidens de ladicte court ou l'un d'eulx au moins, et de
trois ou de deux des plus anciensde la dicte Grant chambre,
par vertu[3] duquel mandement ainsi expédié nous voulons
la somme que ledit receveur payera et baillera par vertu
d'icellui[4] estre allouée en son compte par les gens de noz
comptes, sans aucune difficulté ou contredit, ausquelles
gens de nosdiz comptes et aussi à nosdiz commis qui
sont et seront pour le temps advenir, nous deffendons

1. O. « sont ».
2. « Vérifié » n'est pas dans A.
3. « Par vertu » n'est pas dans A.
4. « Par vertu d'icellui » n'est pas dans A.

expressément que à nosdictes gens de Parlement et à
nostredit receveur, ilz ne donnent, facent ou facent fere
aucun empeschement en ce que dit est, directement ou
indirectement, et se ilz font le contraire, nous par ces présentes donnons povoir, auctorité et puissance à icelles noz
gens de Parlement de les contraindre à eulx en désister par
toutes voyes deues et raisonnables.

198. *Comment le Roy ordonne que pour fere les exploiz
de justice des bailliaiges, prévostez, seneschauciés et autres,
les receveurs payent chacun an par mandemens desdiz prévostz, bailliz, etc., chacun d'eulx jusques à IIe livres tournois.*
— Item, et en tant que touche le prévost de Paris et noz
autres seneschaulx, bailliz et autres juges, ressortissans sans
moyen en nostredicte court de Parlement, nous voulons et
ordonnons que après ce que, par eulx et par l'oppinion de
noz advocaz et autres personnes notables acoustumez estre
aux consultacions de noz besoingnes de leur auditoire, aura
esté délibéré aucune chose pour nous ou pour le bien de
justice estre à faire ou poursuy, que lesdiz prévost, séneschaulx, bailliz ou autres noz juges telz que dit est, sans
actendre autre mandement de nous, de nosdictes gens des
comptes ou trésoriers, puissent contraindre, chacun[1] en sa
prévosté, seneschaucié, bailliaige ou jugerie, le receveur
d'icelle seneschaucié, bailliaige ou jugerie à baillier et payer
realment et de faict la somme qui sera nécessaire pour[2] faire
ou poursuir ce que par lesdiz sera délibéré, pourveu que
pour année[3] chacun d'eulx ne puisse contraindre le receveur
de sa prévosté, seneschaucié, bailliaige ou jugerie oultre la
somme de deux cens livres tournois; et s'il advenoit que
aucunes foiz en ung an il fallist greigneur somme que la
dessusdicte, ilz se pourront traire ou faire traire[4] par devers
nosdictes gens de Parlement, lesquelz appellez avecques eulx

---

1. O. donne « chacun an », mais « un » semble inutile à cette place.
2. « A baillier... nécessaire pour... » n'est pas 'ans A.
3. O. « amende ».
4. « Ou faire traire » n'est pas dans A.

aucuns des gens de noz comptes et trésoriers leur feront
faire telc provision comme il sera délibéré par eulx et à ce
contraindront lesdiz receveurs et tous autres qui seront à
contraindre, comme il leur semblera estre bon à faire ; voulons en oultre et ordonnons que tout ce qui par aucuns des
receveurs desdictes prévosté, séneschaucié, bailliaige ou
jugerie aura esté payé pour les causes dessusdictes jusques
à ladicte somme de IIᶜ livres tournois pour chacun an, par
mandement desdiz prévost, séneschal, bailli ou juge, chacun
en sa juridicion, ouquel soient expressément nommez ceulx
qui auront esté présens et appellez à la deliberacion faire,
et lequel sera signé par le clerc ou greffier de ladicte prévosté, séneschaucié, bailliaige ou jugerie, soit alloué ès
comptes dudit receveur qui l'aura payé, sans contredit ou
difficulté aucune, et pareillement le voulons de ce que icellui receveur aura payé oultre ladicte somme pour ung an,
par mandement expédié comme dit est[1], et deffendons
comme dessus à noz gens des comptes[2], commis et autres
quelzconques ayans gouvernement des finances de nostre
demaine, qui sont ou seront pour le temps advenir, sur
peine d'en estre très griefment pugniz, que ès choses dessusdictes ilz ne donnent aucun empeschement à nosdiz officiers
de justice.

199. *Comment le Roy ordonne que par le prévost de Paris
et autres juges soit faicte ordonnance et taxacion raisonnables pour le fait des escriptures des notaires de Chastellet
et autres clercs et notaires des lieux de judicature etc.* —
Item, pour ce que nous avons eu pluseurs plaintes des excessifz salaires que prennent et ont acoustumé de prendre noz
notaires et examinateurs de nostre Chastellet de Paris, tant
pour leurs escriptures comme autrement, au grief préjudice[3]
de ceulx qui ont à faire à eulx, et nous ayans[4] veu certaines

---

1. « Par mandement expédié comme dit est » n'est pas dans A.
2. « Des Comptes » n'est pas dans A.
3. O. « grand grief et préjudice ».
4. « Ayans » n'est pas dans A.

ordonnances piṣça faictes par aucuns de noz devanciers[1] par lesquelles ilz ordonnèrent que les clercs et notaires de noz séneschauciés, prévostez et bailliaiges et autres officiers d'icelles prendront[2] tant seulement de trois lignes ung denier, et que la ligne devoit estre du long de une paulme et contenir LXX lettres du moins, et se elles contenoient plus le notaire ou autre officier en auroit greigneur somme, eu regard à ce que dit est, et de présent les closes sont[3] moult changées pour ce que nosdiz notaires et autres officiers ont à faire pluseurs besoignes subtiles et de grant labour, et par ce ladicte taxacion puet estre ne seroit mie convenable, pourquoy nous, ces choses considérées, mandons, commectons et estroictement enjoingnons à nostredit prévost et à tous noz autres bailliz, séneschaulx et autres officiers ayans semblable juridicion, à chacun d'eulx en son povoir et juridicion[4] que, appellez avecques eulx nos advocaz, procureurs et autres notables personnes[5] et preudommes de leurs sièges et auditoires, veues les anciennes ordonnances et registres de leursdiz sièges, s'aucunes en y a, ilz arbitrent, modèrent et tauxent tel salaire ausdiz notaires et autres officiers de leursdiz sièges et auditoires, comme il se devra faire par raison, et telement que noz subgiez n'en soient aucunement grevez contre raison, et sur ce facent ordonnances bonnes et convenables, selon lesquelles doresenavant nosdiz notaires et autres[6] officiers et autres noz subgiez se réglent[7] et selon lesquelles le salaire desdiz notaires et autres officiers leur soit payé tant pour le salaire de leurs escriptures, comme de voyaiges et autres choses, lesquelles ordonnances afin que aucun ne puist prétendre[8] ignorance, soient mises en ung tableau en lieu publique de

---

1. 1303, 23 mars, art. 37 (O. I. 354).
2. O. « prendroient ».
3. O. « soyent ».
4. « A chacun d'eulx en son pouvoir et juridicion » n'est pas dans A.
5. « Personnes » n'est pas dans A.
6. « Et autres » n'est pas dans A.
7. A. « se riglent ».
8. O. « avoir ».

leur auditoire, avecques celle desdiz séneschaulx, bailliz et autres officiers dont cy dessus est faicte mencion.

200. *Comment le Roy deffend à tous advocaz et procureurs que pour leurs salaires et escriptures ilz ne prengnent que salaires raisonnables et modérez sur peine de pugnicion.* — Item, pour pourveoir aux complaintes qui faictes nous ont esté de ce que pluseurs des advocas et procureurs de nostre court de Parlement et aussi de pluseurs des advocas et procureurs de nostre Chastellet et des autres cours layes constituées ès[1] autres seneschauciés, bailliaiges et prévostez de nostre royaume et ès cours subgectes à icelles, sont coustumiers de prendre et exigier de nostre povre peuple trop plus grans salaires, prouffiz et courtoisies que ilz ne deussent et que ilz ne desservent, tant en fait d'escriptures, lesquelles ilz font trop longues et prolixes sans comparaison que nécessité ne feust et que les matières subgectes ne requièrent, afin de extorquer de leurs cliens[2] plus grans prouffiz, comme autrement en pluseurs et diverses manières qui seroient trop mal gracieuses à réciter, nous avons deffendu et deffendons à tous les dessusdiz advocas et procureurs, sur leurs seremens qu'ilz ont à cause de leurs offices et sur peine d'amende et pugnicion arbitraire, que de cy en avant ilz ne preignent autres salaires que modérez et ne facent telc prolixité de escriptures, mais les facent briefves selon les cas et matières; et s'il est trouvé qu'ilz facent le contraire, nous mandons et enjoingnons estroictement aux gens de nostre Parlement présent[3] et qui tendront ceulx advenir, au prévost de Paris et à tous autres séneschaulx, bailliz et autres justiciers et à chacun d'eulx, si comme à luy appartendra, que ilz pugnissent et corrigent les dessusdiz viguereusement[4] et sans déport, selon les cas, par resti-

---

1. A. « et ».
2. O. « d'eulx ».
3. « Présent » n'est pas dans A.
4. O. « rigoureusement ».

tucion et autrement, telement que ce soit exemple à tous autres[1].

201. *Comment le Roy deffend que en faisant copie de lettres, actes et autres escriptures, les clercs et notaires ne incorporent esdictes copies ne en leurs procès une lettre que une fois seulement, sur peine d'amende.* — Item, pour ce que par pluseurs foiz les notaires ou autres qui baillent aux parties copie des procés faiz par devant noz juges, incorporent esdictes copies et aussi[2] aux procès principaulx, et par espécial au pays du droit escript, deux ou trois foiz une procuracion lieutenante ou autres actes ou lettres d'iceulx procès, afin qu'ilz ayent plus d'escriptures esdiz procès, et qu'ilz en ayent plus grant prouffit ou salaire, nous leur deffendons et à chacun d'eulx, sur peine d'amende arbitraire, que doresenavant ilz ne incorporent en leursdiz procès ou copies une lettre, acte ou autre escripture que une foiz seulement.

202. *Comment le Roy deffend que aucuns de ses officiers ne vendent leurs offices à autre, sur peine d'amende et de perdre les offices et le pris de l'argent que elles auroient esté vendues etc.* — Item, pour ce que depuis aucun temps en ça, pluseurs personnes ausquelles nous avions pourveu d'aucuns de noz offices, tant de justice comme des finances, c'est assavoir des maistrises de Parlement, des requestes de nostre Hostel, de noz comptes, de noz eaues et foretz, bailliages, séneschaucciés, jugeries, prévostez, vigueries, secrétaires, notaires, huissiers de Parlement, office de examinateur du Chastellet, capitaines, vicontes, receptes tant de nostre demaine comme des aydes, eslecccions, greneteries, contreroles, offices de chambellans, maistres d'hostel, eschançzons, pennetiers, varlez de chambre, sommelliers,

---

1. Voir : 1409, 25 *novembre*, O. *VIII*, 617 ; Nic. de Baye, *Journal*, I, 61 ; Lot, *Les frais de justice au* xive *siècle*, Bibl. de l'Ecole des Chartres, 1872, 240-249, 565-577 ; Delachenal, *Les avocats au Parlement de Paris*, 178-282.

2. « Aussi » n'est pas dans A.

huissiers d'armes, sergens d'armes, d'offices de noz procureurs, noz sergenteries et autres offices royaulx, tant de nostre Hostel comme de [1] dehors, ceulx ausquelz nous avons pourveu d'aucuns desdiz offices, ont acoustumé de vendre iceulx offices et par ce les délaissier à autres personnes et en prendre prouffit par tiltre de vendicion et autrement, pourquoy ceulx qui les achatent ou autrement en baillent prouffit, en sont plus enclins et curieulx de eulx faire payer excessivement et riguereusement et de nous demander par importunité et autrement dons et prouffiz pour recouvrer ce que lesdiz offices leur ont cousté, qui est chose de très mauvais exemple, pour quoy nous deffendons très expressément à tous, soient noz officiers ou autres, c'est assavoir à nosdiz officiers sur la foy et serement qu'ilz ont à nous et sur peine de privacions de leurs offices, et à eulx et à tous autres sur peine de perdre l'office vendu et le pris [2] qu'il aura esté vendu estre applicquié à nous, et d'amende arbitraire, que doresenavant ne vendent ou achatent aucuns desdiz offices quelz qu'ilz soient, ne pour les avoir ne baillent aucun prouffit, sauf que s'il advenoit que aucun desdiz noz officiers, qui longuement nous eust ou auroit servy en son office, ne peust par maladie, vieillesce ou accident excercer son office, nous en ce cas lui pourrons pourveoir de grâce, comme nous verrons que à faire sera.

203. *Du serement que les capitaines des villes et forteresses feront de non traictier les subgiez du Roy à faire guet sinon raisonnablement et ne prendront pour chacun deffault que douze deniers parisis, etc.* — Item, que pluseurs noz cappitaines et leurs lieuxtenans et autres ayans forteresses en nostre royaume, se sont efforciez et efforcent contre justice, puis aucun temps en ça, de faire faire guetz ès lieux et forteresces dont ilz sont capitaines ou seigneurs par pluseurs gens demourans loings d'icelles forteresces, et à greigneur

---

1. « De » n'est pas dans A.
2. O. « temps ».

nombre et par plus[1] de foiz qu'il n'en estoit besoing, et des
deffaillans à faire lesdiz guetz ont prins et exigié à leur singulier prouffit pluseurs grans sommes de deniers, ou grant
grief, dommaige et préjudice de noz povres subgiez, et aussi
ont acoustumé de composer souvent tous[2] les habitans
d'une ville qui doivent faire guetz à une grant somme ou
quantité d'argent ou d'autre chose, et en lieu d'iceulx habitans ne font faire aucun guet, nous par ces présentes[3] avons
ordonné et ordonnons et deffendons à tous lesdiz capitaines ou a leurs lieuxtenans et ausdiz seigneurs desdiz chasteaulx et forteresces, que doresenavant ne facent faire guetz
èsdictes forteresces, ne preugnent aucun prouffit desdictes
bonnes gens que en temps de nécessité ou de péril et icellui péril durant, et par gens qui les doivent faire selon les
ordonnances royaulx, et en nombre souffisant et convenable,
qui ne soit[4] mie greigneur qu'il sera de nécessité, ou se ce
n'estoit en forteresce qui feust en frontière, clef de pays ou
port de mer, ausquelles forteresces et au guet qui sera a
faire en icelles, noz bailliz plus proches[5] des lieux, appellez
avecques eulx des nobles du pays non suspectz ne favorables, y pourverront selon l'exigence[6] du cas; voulons
aussi[7] et ordonnons qu'ilz ne puissent prendre pour chacun
deffault que XII deniers parisis qui[8] seront convertiz et
employez ou salaire d'aucun autre qui fera le guet ou lieu
du deffaillant, quant il en sera nécessité; et avecques ce
ordonnons que à faire ledit guet le filz aaigié soit receu
pour le père et aussi ung varlet pour son maistre, et généralment ung homme pour ung autre, pourveu qu'il soit
congneu et souffisant pour faire ledit guet; et avec ce leur

---

1. O. « et plusieurs fois ».
2. « Tous » n'est pas dans A.
3. « Par ces présentes » n'est pas dans A.
4. O. « seroit ».
5. O. « prouchains ».
6. « L'exigence » n'est pas dans A.
7. « Aussi » n'est pas dans A.
8. O. « lesquels douze deniers ».

défendons que doresenavant ne facent[1] teles compositions comme dessus est dit, mais seuffrent et facent guetier[2], quant il sera temps et nécessité, tous les habitans subgiez au guet de leurs forteresces par la manière que dessus est dit, sans pour ce les composer aucunement; et en oultre voulons et ordonnons que tous lesdiz capitaines soient tenuz desservir leurdit office en personne, et à leur institucion jureront tenir et garder toutes les choses dessusdictes et chacune d'icelles; et se ilz sont trouvez faisans le contraire, nous mandons et commandons par ces présentes à noz bailliz et séneschaulx, chacun en sa juridicion, qu'ilz les privent de leurs offices et pugnissent envers nous d'amendes arbitraires; et en oultre sera recouvré sur eulx ou leurs héritiers tout ce que ilz en auront receu[3].

204. *Comment le Roy deffend, tant aux seigneurs de son sang comme autres, toutes prinses de vivres, sinon du gré des vendeurs et en les payant au pris commun et accordé.* — Item, pour ce que nous avons ouy pluseurs plaintes de ce que nostre povre peuple et subgiez ont esté moult grevez par les preneurs de vins, blez, avoines, grains, bestes, volailles, chevaulx, foingz, litz, feurres et pluseurs autres vivres et choses, et des abuz qui ont esté et sont faiz par lesdiz preneurs de jour en jour, nous avons ordonné et ordonnons que nul quelconque, soit de nostre sang[4], lignaige ou autre, ne facent aucunes prinses des choses dessusdictes; et voulons et défendons à tous noz subgiez, que aucun n'y obéisse, se lesdictes[5] choses n'estoient exposées en vente, et que ceulx qui les vouldront avoir et prendre en payent[6] deniers comptans au pris que les choses vauldront par commun cours, et que l'en en trouvera

---

1. « Et avec ce… ne facent » n'est pas dans A.
2. O. « quitter ».
3. Voir 1390, 28 mars; 1396, 28 mars, art. 6; 1399, 22 octobre (*O. VII*, 334, *VIII*, 61, 356); — A. Coville, *les Cabochiens*, 80.
4. « Sang » n'est pas dans A.
5. « Dictes » n'est pas dans A.
6. O. « en payant ».

ou pourra trouver d'un autre; et s'aucun s'efforce de prendre
sur nosdiz subgiez contre leur voulenté aucunes des choses
dessusdictes ou autres, nous ne voulons qu'il y soit obéy,
mais voulons que ceulx qui s'efforceront de ce faire soient
prins, emprisonnez et pugniz par la justice des lieux comme
de force publique; et voulons quant a ce que chacun ait
auctorité de faire office de sergent sans encourir en aucune
offense de justice; et quant aux prinses des chevaulx pour
chevauchier, nous la défendons à tous chevaucheurs et preneurs sur la peine dessusdicte, sinon en cas que nous
envoyerions noz chevaucheurs pour noz propres besoingnes,
et que ilz n'en peussent aucuns trouver à louyer; ouquel
cas encores ne voulons nous mie que ilz les preignent de
leur auctorité, mais les justiciers des lieux présens et appellez, qui les leurs facent delivrer pour louyer et pris raisonnable[1].

DE LA CHANCELLERIE

205. *Comment le Roy ordonne que son chancellier de
France ne prendra de lui sur l'esmolument de son séel que
II* livres parisis de gaiges et II* livres parisis de pencion
avec les menuz droiz seulement.* — Item, pour mectre convenable provision sur les prouffiz et émolumens de nostre
chancellerie, qui puis aucun temps en ça nous ont pou valu,
pour ce que sur icelle pluseurs dons et assignacions ont
esté faiz ou temps passé, nous avons ordonné et ordonnons
que nostredit chancellier, qui a présent est et celluy qui
sera pour le temps advenir, ne prendra doresenavant de
nous[2] chacun an fors seulement les II* livres parisis qu'il a

---

1. 1346, 15 *février, art.* 4 (*O. II,* 240). — Voir parmi les dispositions géné-
rales, réglant le droit de prix : 1309, 20 mars; 1315, 18 novembre; 1319,
25 février, art. 5; 1355, 28 décembre, art. 12 et 13; 1357, 3 mars, art. 16 et 17;
1356, 14 mai, art. 18; 1360, 5 décembre, art. 1; 1363, 5 décembre, art. 17 (*O. I,*
459, 608, 679, *III,* 19, 121, 219, 433, 646), et un grand nombre d'actes rendus en
faveur de localités ou de provinces particulières, énumérés en partie dans
Vuitry, *Études sur le régime financier,* 2e série, I, 528.

2. « De nous » n'est pas dans A.

acoustumé de prendre ordinairement et d'ancienneté et les autres II^x livres parisis qu'il prent chacun an par manière de pencion extraordinaire, avec ses autres droiz acoustumez d'ancienneté ; et lui deffendons que doresenavant il ne prengne plus[1] aucuns autres prouffiz de nous par manière de dons ne autrement, sur peine de les recouvrer sur lui et sur ses hoirs[2].

206. *Comment le Roy ordonne que l'audiencier et contreroleur n'auront que VI solz parisis de gaiges, etc., et leurs bourses des meilleures, et si ne pourront riens recevoir sans la présence de ung autre des notaires qui fera registre, etc.* — Item, quant à l'audiencier et contreroleur de nostre chancellerie, qui pareillement puis aucun temps ont prins de nous plus[3] grans prouffiz sur l'esmolument dudit séel et autrement, nous voulons et ordonnons que doresenavant chacun d'eulx et leurs successeurs ne prengnent que les VI solz ordinaires pour jour comme noz autres notaires et leurs bourses ordinaires des meilleures, avec les[4] menuz droiz acoustumez d'ancienneté ; et leur deffendons que ilz ne prengnent aucuns dons ou autres prouffiz de nous, sur peine de le recouvrer sur eulx ou leurs héritiers ; et pour ce que noz notaires en ladicte chancellerie ont certaine porcion sur l'émolument de nostre séel, sur quoy leur sont faictes leurs bourses chacun moys et a eulx distribuées par nosdiz audiencier et contreroleur selon leur voulenté et plaisir, comme exposé nous a esté, nous avons ordonné et ordonnons[5], tant pour la conservacion de nostre droit comme de cellui de nosdiz notaires, que lesdiz audiencier et contreroleur ne puissent aucune chose recevoir de l'émolu-

1. « Plus » n'est pas dans A.
2. Pour les gages et profits du chancelier, voir le Rel. de Saint-Denis, *Chronique de Charles VI*, IV, 760 ; Monstrelet, *Chronique*, II, 325 ; Tessereau, *Histoire de la Chancellerie*, I, 12, 19 ; Vuitry, *Études sur le régime financier*, 2° série, II, 385 ; A. Coville, *les Cabochiens*, 59.
3. O. « plusieurs ».
4. O. « leurs ».
5. O. « nous voulons et ordonnons ».

notaires, lesquelz feront à nostre audience résidence conti-
nuelle l'un après l'autre et par bonne ordre, c'est assavoir
chacun ung mois à la foiz, et enregistreront devers eulx à
part toute la revenue de nostredit séel, et tant au regart de
nous comme desdiz notaires, et en la fin de chacun mois
celluy qui aura servy ledit mois baillera à l'autre notaire
qui vendra pour servir semblablement le moys subséquent,
ledit registre, pour tousjours continuer ce que dit est ; et
avec ce mandons et enjoingnons à noz gens des comptes
que ilz ne cloent ou affinent les comptes desdiz audiencier
et contreroleur, se ilz n'ont autant du registre ainsi fait par
lesdiz notaires comme dit est ; deffendons aussi à tous
nosdiz notaires que pour servir à ladicte audience par la
manière dessusdicte ilz ne preignent de nous aucuns dons
ou autres prouffiz, sur peine de le recouvrer sur eulx ou
leurs héritiers[1].

207. *Comment le Roy ordonne que oultre et par dessus les
connestable, chancellier et autres qui ont prééminence d'estre
et venir au Grant conseil, n'y aura que certain nombre de
prélaz et autres notables personnes jusques à quinze au plus,
qui seront esleuz par des seigneurs du sang royal par bonne
deliberacion, lesquelz seront au Roy seulement à certains
gaiges et sans dons du Roy, etc.* — Item, quant à nostre
Grant conseil, pour ce que par grant importunité de requérans pluseurs chevaliers et autres se sont fait retenir de
nostre Grant conseil en très excessif nombre à grans gaiges
et pencions, tant sur nostre demaine comme sur les deniers
des aides ordonnez pour la guerre, pourquoy pluseurs
inconvéniens s'en sont ensuiz, et si ne nous estoient point
nécessaires, et néantmoins à l'occasion de ce ont ou de nous
gaiges et dons moult excessivement[2], ont voulu avoir leurs
causes aux requestes de nostre Palais et estre francs de

---

1. Voir Nicolas de Baye, *Journal*, I, 160 ; Monstrelet, *Chronique*, II, 324 et
Tessereau, *Histoire de la Chancellerie*, I, 11, 12.
2. O. « successivement ».

ment de nostredit seel, se avec eulx n'a ung de nosdiz peaiges et truaiges, tant des nostres comme de noz subgiez, et avec ce noz conseulx en ont esté moins secrez, nous avons ordonné et ordonnons que tous ceulx qui par retenue sont de nostre Grant conseil, soient cassez et ostez des registres de notre trésor et de tous autres registres, et des maintenant les cassons. Et oultre ordonnons que oultre et par dessus noz connestable, chancellier et autres qui à cause de leurs offices ou préeminences ont acoustumé d'ancienneté d'estre et assister à nos grans[1] conseulx, seront advisez certains prélaz, chevaliers et clercs solempnez jusques à certain nombre limité, qui ne excéderont[2] le nombre de quinze, lesquelz seront à nous seulement et non à autres, pour estre et assister aux grans conseulx et pour nous conseillier en tous noz affaires, lesquelz auront chacun an de nous pensions modérées, teles que nous ordonnerons, sans prendre de nous aucuns dons ou autres prouffiz, sur la peine que dessus; et sera ledit nombre advisé et ordonné par nous, par l'advis de ceulx de nostre sang et lignaige et par bonne et grande esleccion comme il appartient; et ne voulons que aucun prengne gaiges ou pencion de nous à cause de estre de nostre Grant conseil, ne aussi se ingère de venir en nostredit conseil, fors ceulx dudit nombre et les autres qui à cause de leursdiz offices ou préeminences y doivent estre, comme dit est; et se aucun impetroit estre de nostre Grant conseil oultre le nombre dessusdit, ou autrement que par ladicte esleccion, nous deffendons à noz secrétaires que de ce ne signent aucunes lettres, sur peine de privacion de leurs offices, et à nostre chancellier que il n'en séelle aucunes telles, sur la foy et loyaulté qu'il nous doit; et si ordonnons que tout ce que icellui impetrant en auroit receu, soit recouvré sur luy ou sur ses héritiers[3].

---

1. « Grans » n'est pas dans A.
2. O. « ne se estendra outre ».
3. 1406, 28 juillet, art. 1 (Douët d'Arcq, *Pièces du règne de Charles VI*, I, 200); — 1407, 28 avril (O. XII, 225). — Voir Noël Valois, *le Conseil du Roi aux xiv*, *xv* *et* *xvi* *siècles*, p. 73 sqq.; A. Coville, *les Cabochiens*, 58.

208. *Comment le Roy révocque et adnulle toutes pencions par lui, la Royne et le Daulphin données à quelzconques personnes, etc.* — Item, avons révocqué et révocquons toutes et quelzconques pencions par nous, par nostre très chière et très amée compaigne la Royne et par nostre très cher et[1] très amé ainsné filz le duc de Guienne, daulphin de Viennois, données et octroyées à quelconque personne que ce soit; et se pour le temps advenir estoit mestier[2], pour l'onneur et bien de nous et l'utilité de nostre royaume, de donner à aucuns pencions, nous y pourverrons par grant et meure délibéracion de conseil et de pencions raisonnab'°s et modérées.

209. *Comment le Roy deffend sur peine de pugnicion que aucun ne se boute ou Grant conseil sinon ceulx qui y seront ordonnez et doivent estre.* — Item, pour ce que pluseurs oppressions, empeschemens et ennuiz nous ont esté faiz en nostre Grant conseil pour la multitude et importunité de ceulx qui se y boutoient qui pas n'y devoient estre, par quoy nos besoingnes et affaires en ont esté souvent empeschiez, nous deffendons expressément que quelconque personne que ce soit n'entre en nostredit conseil, sinon ceulx qui en seront retenuz et qui y doivent estre, comme dit a esté en l'article prochain précédent; et voulons que se aucun est trouvé faisant le contraire, que il soit incontinent prins et mené ou Chastellet de Paris pour en estre pugny ainsi qu'il appartendra; et afin que ceste nostre présente ordonnance et[3] voulenté soit mieulx entérinée, nous commectons pour la faire exécuter noz connestable et chancellier, les grans chambellain et bouteiller de France, le grant maistre d'ostel et chacun d'eulx.

210. *Comment le Roy ordonne qu'il n'y aura que huit maistres des requestes de son Hostel, c'est assavoir quatre*

---

1. « Très cher » d'après F, n'est pas dans A; — O donne « très chrestien ».
2. A donne « n'estoit mestier ».
3. « Ordonnance et » n'est pas dans A.

clercs et quatre laiz aux gaiges anciens. — Item, quant aux maistres des requestes de nostre Hostel, nous voulons et ordonnons qu'ilz soient ramenez et réduiz au nombre ancien et acoustumé[1], c'est assavoir de quatre clercs et quatre laiz, qui ayent et prengnent de nous leurs gaiges acoustumez et appartenans à leurs offices, sans aucuns dons ou prouffiz, sur peine de le recouvrer sur eulx ou leurs hoirs[2]; et s'il en y a aucuns oultre ledit nombre, nous les cassons et adnullons du tout, et leur deffendons l'exercite dudit office; et en oultre ordonnons que quant aucun desdiz offices vacquera, soit par mort, résignacion ou autrement, il y soit pourveu par bonne esleccion, qui se fera par nostre amé et féal chancellier, appellez avecques lui ceulx de nostre Grant conseil, ceulx desdites requestes de nostre Hostel et aucuns de ceulx de nostre Parlement et de noz comptes, en tel nombre que bon lui semblera; et s'il advenoit que aucun se boutast oudit office oultre ledit nombre, ou par autre maniere que par ladicte esleccion, il sera repputé et dès maintenant le repputons inhabille audit office, et tout ce qu'il en aura receu en gaiges ne autrement, soit recouvré sur lui ou ses hoirs[3].

211. *Comment le Roy ordonne que des choses qui toucheront sa conscience, que son confesseur ou aumosnier lui en face la requeste, des choses touchans sa chambre, ses chamberlans, des choses touchans les serviteurs de son Hostel, par son maistre d'hostel, et des choses comunes par ses maistres des requestes, etc.* — Item, que en ensuivant les ordonnances faites par noz prédécesseurs Roys de France sur les manières que l'en doit tenir à nous faire requestes, nous voulons et ordonnons que des choses qui touchent principalment nostre conscience, noz confesseur et aumosnier

---

1. O. « aux coustumes ».
2. « Ou leurs hoirs » n'est pas dans A.
3. 1401, 7 janvier, art. 21 (O. VIII, 417); — 1408, 7 janvier, art. 27 (O. XI, 287). — Voir Monstrelet, *Chronique*, II, 323; Blanchard, *Histoire généalogique des maistres des requestes de l'Hostel*, avec notes mss. de d'Hozier (Bibl. Nat. Imp. Réserve); A. Coville, *les Cabochiens* 262.

soient chargiez de nous en parler et faire requeste et non
autres quelzconques; de ce qui touche les gens et serviteurs
de nostre chambre, nostre grant chambellain, nostre premier chambellain et autres chambellains qui gisent et ger-
ront devers nous, et de ce qui touche les autres serviteurs
et officiers de nostre Hostel, le grant maistre d'icellui et en
son absence les autres maistres de nostredit Hostel; et
toutes autres requestes communes, tant de la chose publique
de nostredit royaume, comme autrement, qui se pevent passer hors nostre conseil, se feront par les maistres des
requestes de nostredit Hostel ausquelz il appartient, lesquelz
seront tenuz de signer les lettres patentes qui en seront
faictes, ainçois que le secrétaire qui en aura receu le commandement les puisse signer; et deffendons expressément
à nostre chancellier qu'il ne séelle quelzconques [1] lectres
patentes par nous ainsi commandées, se elles ne sont
signées du maistre des requestes qui nous en aura faicte la
requeste, se ce ne sont lettres touchans noz consciences et
noz officiers dessusdiz; et deffendons à tous que aucun ne
soit si hardi de faire ne soy ingérer au contraire, sur peine,
au regard de noz officiers, de privacion de leurs offices, et au
regard des autres, de amende arbitraire; et commandons
ausdiz maistres des requestes de nostre Hostel que tous les
jours ilz soient par devers nous, ceulx par espécial qui serviront pour le moys, pour nous servir en leurs offices,
comme il appartendra [2].

212. *De l'ordonnance que le Roy fait sur la manière du
gouvernement et assistence en son Grant conseil.* — Item, il
est advenu et [3] advient souventesfoiz que, quant nous avons
esté ou sommes en nostre conseil, pluseurs requestes particulières nous ont esté et sont faictes, non pas pour le bien
de nous et de la chose publique de nostre royaume, mais
pour l'utilité de pluseurs personnes, qui ce ont pourchacié

---

1. O. « aucunes ».
2. 1360, 27 *janvier*, art. 19 (*O. III*, 388).
3. « Est advenu et » n'est pas dans A.

et pourchacent, et telement que par infestinacion, importunité[1] et multiplicacion de telles requestes particulières
et inutiles pour nous et nostre royaume, les besoingnes
nécessaires pour lesquelles nous avions fait assembler nostre
conseil ont esté retardées et empeschées souventesfoiz, nous
voulans à ce pourveoir avons ordonné et ordonnons, que,
quant nous serons en la chambre de nostre conseil, quelzconques requestes pour quelconque cause que ce soit, ne
nous soient faictes jusques à ce que nous soyons assis en
nostre conseil et que ceulx de nostre sang et lignaige,
nostre chancellier et noz autres conseilliers pareillement
soient assis chacun en leurs sièges et lieux, et que lesdictes
requestes soient faictes par lesdiz de notre sang et lignaige,
aucuns de nostre conseil ou les maistres des requestes de
nostre Hostel, à l'ouye et entendement de tous et en l'absence
de partie à qui la chose touchera, et ce fait soient mises en
délibéracion par noz connestable ou chancellier, c'est assavoir par celluy ou ceulx à qui il appartendra, sans ce que
ceulx qui feront lesdictes requestes, se approuchent de
nous plus près que de leursdiz sièges et lieux; et deffendons à noz secrétaires sur peine de privacion de leurs offices
que des requestes qui nous seroient[2] faictes et du commandement que nous leur ferions sur icelles requestes autrement
que par la maniere dessusdicte, ilz ne signent aucunes
lettres; et pareillement deffendons à nostre chancellier sur
peine d'amende arbitraire, que il n'en séelle aucunes[3], se il
n'estoit bien mémoratif du commandement que nous aurions
ainsi fait par la manière dessusdicte, ou que ladicte lettre
fust signée par l'un des maistres des requestes de nostre
Hostel[4], qui auroit esté à la délibéracion et commandement
de ladicte lettre[5].

---

1. O. « infestation importunée ».
2. O. « seront ».
3. O. « il n'en séelle les lettres ».
4. O. « maistres de nostre Hostel ».
5. 1401, 7 janvier, art. 12 (O. VIII, 415); — 1408, 7 janvier, art. 11 (O. IX 284).

213. *De l'ordonnance que le Roy fait pour tenir chascune sepmaine requestes au jour du vendredy.* — Item, pour mieulx expédier les besoingnes et affaires particulieres de la chose publique de nostre royaume, et afin que bonne justice et raison soit ouverte à ung chascun, nous avons ordonné et ordonnons que chacun jour de vendredi par chascune sepmaine, nous tendrons ou ferons tenir conseil pour ouyr les requestes de ung chascun et[1] ceulx qui en vouldront faire ou baillier aucunes pour quelque cause que ce soit, excepté celles qui touchent nostre conscience, les bailleront par escript à ceulx que nous avons ordonné par l'article précédent, qui les feront en nostre conseil en audience de nous ou de cellui qui pour nous tendra ledit conseil et en absence de ceulx pour qui elles seront faictes; et de ce[2] qui lors par la manière dessusdicte sera octroyé, seront faictes noz lettres par noz secrétaires à ce ordonnez; et se par importunité ou autrement aucunes requestes sont accordées autrement que dit est, tant en ce présent article comme ès autres deux précédens, nous declairons l'octroy ainsi fait[3] estre nul et de nul effect et valeur, et deffendons au secrétaire qui aura receu tel commandement, qu'il n'en signe les lettres, et à nostre chancellier, qu'il ne les séelle, et aussi à tous noz officiers à qui elles s'adreceront, que ilz n'en meetent aucunes à expédicion[4].

214. *Encores de ce pour non faire requestes touchans matières non raisonnables.* — Item, il est advenu pluseurs foiz[5] que pluseurs personnes par importunité, inadvertance ou autrement, pour fuir et délayer le bon droit des adversaires d'eulx ou de leurs amis, ou pour autre cause non raisonnable, ont obtenu lectres de nous, par lesquelles ilz se

---

1. A donne « de ceulx ».
2. O. « et de qui lors », avec la correction en marge « et ce qui lors ».
3. « Ainsi fait » n'est pas dans A.
4. 1401, 7 *janvier, art.* 12 (*O. VIII,* 415); — 1408, 7 *janvier, art.* 11 (*O. IX* 284).
5. O. « il est advenu et advient souvent ».

sont efforciez de faire évocquer[1] en nostre court de Parlement ou d'autres noz juridicions ordinaires ou commissaires[2], aucunes causes par devant nous en nostre personne, saichans nous avoir pluseurs autres occupacions pour les besoingnes de nostre royaume et non pour lesdictes causes déterminer, et aussi ont aucuns impetré aucunes foiz aucunes lettres de nous pour retarder ou délayer la prononciation de aucuns arrestz ou sentences, qui est contre le bien de nostre justice[3] et ou préjudice de ceulx à qui lesdictes causes touchent, pourquoy nous deffendons et enjoingnons très estroictement ausdiz maistres des requestes et à tous autres, sur les seremens qu'ilz ont à nous, qu'ilz ne facent aucunes teles requestes ; et se par importunité, inadvertance ou autrement nous les octroyons, nous deffendons à nostre dit chancellier qu'il n'en séelle aucunes lettres, et se elles estoient séellees, nous deffendons à nostredicte court et à touz noz autres juges que à icelles ilz ne obéissent aucunement, mais dès maintenant les déclairons estre nulles et avoir esté impetrées contre nostre voulenté et intencion et ne voulons que à icelles soit aucunement obéy.

215. *De l'ordonnance que fait le Roy nostre sire sur la manière de octroyer lectres de grâce et autres.* — Item, il est advenu et advient pluseurs foiz, que pluseurs grâces, dons et rémissions ont esté faictes, eues et obtenues de nous moult légièrement, parce que ceulx qui nous ont faictes les requestes ne nous ont pas bien au long exprimé le contenu en icelles, ne imprimé la grandeur du cas, ne l'enormité et malices des délitz, pourquoy nous avons esté légièrement meu à octroyer, donner ou pardonner, pluseurs se sont enhardiz et plus legièrement inclinez à perpétrer iceulx cas, pourquoy nous commandons et enjoingnons expressément à ceulx qui sont ordonnez de nous faire lesdictes requestes, sur le serement qu'ilz ont à nous, que ilz

---

1. O. « advocquer » ; en marge « évoquer ».
2. O. « commises ».
3. O. « de la justice ».

expriment bien au long à nous et à nostre conseil le cas
duquel ilz nous feront la requeste, la grandeur d'icellui,
l'estat d'iceulx pour qui[1] et contre qui ilz parleront, la
manière, qualité et circonstance des délitz, et qu'ilz nous
en conseillent loyaument ce[2] qu'il leur semblera en leurs
consciences qui en devra estre fait, et que aucunes lettres
n'en soient faictes ne signées de secrétaires ou de notaires,
ne séellées ou cas que la requeste aura esté faite par aucun
des maistres des requestes de nostre Hostel[3] ou autre qui a
acoustumé de signer, se elle n'est premièrement signée de la
main de cellui qui aura faicte ladicte requeste.

216. *Comment le Roy deffend que quelque octroy qu'il
face de lectres·non justes ne raisonnables, le chancellier ne
les séelle, mais les retiengne et rapporte au corseil pour
déclairier la cause de son reffuz et délibérer de nouvel sur
icellui reffuz.* — Item, et est advenu par pluscurs foiz que
pluseurs par importunité, inadvertance ou autrement ont
obtenu pluscurs lettres de nous iniques et torçonnières, lesquelles pour ce ont esté refusées à séeller en la chancellerie, et par ce les impétrans se sont pluseurs foiz efforciez[4] de faire mander et commander de par nous que elles
feussent séellées toutes excusacions cessans, pourquoy on a
acoustumé aucunes foiz en la chancellerie d'escripre sur la
marge d'icelles : *sigillata de expresso mandato Régis*, laquelle
forme de impetrer lesdictes lettres ne de les faire séeller
n'est mie raisonnable et est contre le bien de justice, pourquoy nous enjoingnons et deffendons expressément à nostre
amé et féal chancellier qui à present est et ceulx qui seront[5]
pour le temps advenir, sur le serement que il a ou auront à
nous, que pour quelque mandement ou commandement qui
leur soit fait par chevaliers[6], huissiers ou sergens[7] d'armes,

---

1. A donne « pourquoy ».
2. « Ce » n'est pas dans A.
3. O. « maistres de nostre Hostel ».
4. O. « ingérez ».
5. O. « et qui sera ».
6. O. « chanceliers »; en marge « chevaliers ».
7. « Ou sergens » n'est pas dans A.

varlez de chambre ou autres, de quelque estat ou auctorité[1] qu'ilz soient, ilz ne séellent aucunes lettres qui leur
semblent[2] estre iniques et torçonnières et obtenues par
importunité ou inadvertance; et en cas de doubte ou de
difficulté, nous commandons à icellui nostre chancellier que
icelles lettres il retiengne par devers lui, pour les rapporter et faire lire par devant nous en nostre conseil, et icelles
leues à l'oye de tous, sera discuté et determiné, se elles
devront estre séellées ou non.

217. Pour ce qu'il est venu à nostre congnoissance que
pluseurs de nostre sang et aussi pluseurs de noz chevaliers,
serviteurs et autres, par importunité de requérans, ont et
demandent chacun jour pluseurs de noz offices, combien
qu'ilz n'ayent intencion de iceulx tenir ne exercer en leurs
propres personnes, mais y pouveoir à leurs amis et serviteurs, ou les vendre à leur prouffit, nous deffendons à tous
les dessusdiz que doresenavant ne nous demandent aucuns
offices, si ce ne sont offices qui soient selon leurs personnes
et estat et que ilz les veuillent desservir en leurs personnes,
et si nous en faisons doresenavant aucun octroy, nous voulons icelluy estre de nulle valeur[3].

218. *De l'ordonnance que le Roy fait sur le fait de l'octroy
des lectres de* commictimus *pour faire venir les procès des
officiers et autres praticiens en la court de Parlement et
autres cours à Paris ès requestes du Palais.* — Item, pour
ce qu'il est venu à nostre congnoissance que nostre peuple
est moult grevé et souvent travaillié à venir de moult loingtaines parties de nostre royaume plaidier à Paris aux
requestes de nostre Hostel et aussi ès requestes du Palais,
pour ce que trop légièrement l'en octroye à trop de gens
commictimus[4] et lettres par lesquelles lesdictes gens des

---

1. O. « de quelconque auctorité ».
2. O. « sembleront ».
3. Cet article manque dans A.
4. Voir Et. Pasquier, *Recherches de la France*, l. II, 3; A. Coville, *les Cabochiens*, 67, et Aubert, *le Parlement de Paris*, I, 33, II, 19.

requestes congnoissent des causes de ceulx à qui on les
octroye, nous avons ordonné et ordonnons par ces présentes que doresenavant ne seront octroyées aucunes[1] teles
lettres, fors seulement à noz officiers et conseilliers ordinaires servans continuelement[2] en nostre Hostel, en nostre
Parlement, en nostre Chambre des comptes et ailleurs à
Paris, et aussi conseilliers et officiers de ceulx de nostre
sang et lignaige tant[3] comme ilz serviront en leurs offices,
eulx estans par devers nous, qui bonnement sans l'inter-
mission de leurs offices et estaz ne pourroient plaidier
dehors de Paris, et des vefves des dessusdiz, tant comme[4]
elles se tendront de marier, et d'autres personnes misérables
ou pour aucune juste ou raisonnable cause, selon l'advis et
discrécion de nostre chancellier, appellez avecques lui
aucuns de nostre Grant conseil, les advocaz et procureurs
et autres fréquentans les courts de nostre Parlement, la
·Chambre des comptes et des généraulx, et par lettres pour[5]
chacun d'eulx passées en la court ou il poursuivra ; et ou cas
que par importunité, inadvertance ou autrement, seroit fait
au contraire, nous deffendons aux gens desdictes requestes
que par vertu des lettres ainsi impétrées ilz n'en tiengnent
aucune court ne congnoissance.

219. *Comment le Roy ordonne que pour son Grant conseil
il n'aura que huit secrétaires qui serviront par chacun moys
quatre d'iceulx aux gaiges de XII solz parisis par jour, et se
plus grant nombre y en a, le Roy les adnulle et casse leurs
gaiges, etc.* — Item, pour la grant multitude de secrétaires
que nous avons retenuz et permis venir en nostre conseil,
pluseurs inconvéniens en sont venuz à nous et à la chose
publique de nous et[6] de nostre royaume, et en ont esté noz
conseulx moins secrez souventesfoiz, et avec ce pluseurs

---

1. O. « aucunement ».
2. O. « coustumièrement ».
3. A donne « tout ».
4. O. « que ».
5. A donne « par ».
6. « De nous et » n'est pas dans A.

desdiz secrétaires prenoient XII solz parisis pour chacun jour, qui a esté à nostre grant charge et petit prouffit, nous avons ordonné et ordonnons que tous lesdiz XII solz que prenoient lesdiz secrétaires seront cassez et adnullez, et dès maintenant les cassons et adnullons; et voulons que touz secrétaires enregistrez en nostre trésor pour cause d'en prendre lesdiz XII solz en soient ostez incontinent, et doresenavant pour nous servir et estre à noz conseulx aurons huit secrétaires tant seulement, qui serviront quatre et quatre de moys en moys, et ne vendront à noz conseulx que ceulx qui serviront pour lors, desquelz en aura deux qui signeront sur les finances, lesquelz serviront à leur tour par moys avec les autres, c'est assavoir tousjours l'un d'eulx avec trois des autres [1] ordonnez à servir pour icellui moys, qui ne signeront point sur lesdictes finances; tous lesquelz huit secrétaires seront prins, esleuz et choisiz bons, diligens et souffisans en latin et en françois par nostre chancellier, appellez avec lui lesdiz commis et des gens de nostre conseil, tant clercs comme autres, en compétent nombre; lesquelz secrétaires prendront et auront de nous chacun XII solz parisis par jour, ausquelz nous deffendons très expressement qu'ilz ne signent aucunes [2] lettres touchans nosdictes finances, se icelles ne sont passées et à eulx commandées par nous estans assiz en nostre conseil et à l'oye de noz conseilliers qui y sont, sur la peine et par la manière que dessus est exprimé [3].

220. *De l'ordonnance et défence que le Roy fait à ses secrétaires pour signer les lectres de justice, de grâce, de finances, de dons, ne autres qui se doivent passer ou Grant conseil.* — Item, pour ce que pluseurs noz secrétaires et notaires signent pluseurs foiz pluseurs lettres, eulx sai-

---

1. O. « les trois autres ».
2. « Aucunes » n'est pas dans A.
3. 1388, 9 février, art. 6 (O. VII, 175); 1401, 7 janvier, art. 22 (O. VIII, 417). — Voir de Luçay, *les Secrétaires d'État*, 3; Vuitry, *Études sur le régime financier*, 2º série, II, 386, 390; A. Coville, *les Cabochiens*, 60, 258.

chans nous non estre advertiz du contenu en icelles, et que
les requestes ne nous ont pas esté faictes par la manière
que dit est cy dessus ès précédens articles, mais par personnes qui légièrement nous ont exprimé aucune partie du
contenu en la requeste à nous faicte par escript ou de
bouche, et aucunes foiz ont mis lesdiz secrétaires et notaires
pluseurs personnes du conseil présens, lesquelz ne savoient
riens d'icelles requestes ne des responces que nous y faisions, et aussi mis et escript èsdictes lettres pluseurs nonobstances, qui ne leur avoient point esté commandées, et
desquelles aucune mencion ne nous avoit esté faicte, en
faisant ladicte requeste, dont pluseurs inconvéniens s'en
sont ensuiz, nous deffendons à tous nosdiz secrétaires et
notaires sur peine de privacion de leurs offices et d'amende
arbitraire, qu'ilz ne signent aucunes lettres de justice, de
grâce, de dons, d'offices, d'argent et d'autre chose, se la
requeste n'a esté faicte par la manière dessusdicte ès précédens articles, et se lesdictes requestes sont passées par
nous en nostre conseil, qu'ilz n'y escripvent [1] aucuns présens, se ilz ne sont bien certains que ceulx qu'ils meetront
présens ayent bien ouy et entendu ladicte requeste, nostre
response et celle de ceulx de nostre conseil, et qu'ilz en
ayent dit [2] leur advis et oppinion ; et avec ce leur deffendons sur ladicte peine, qu'ilz ne facent ou signent aucune
lettre dont la requeste ait esté délibérée et concluto en la
présence de la partie et avec ce n'y meetent aucunes non
obstances, se elles ne nous ont esté exprimées, et qu'elles
leur ayent esté commandées, après ce que nous et ceulx de
nostre conseil en auront [3] esté advertiz, et les oppinions sur
icelles dictes, se il y chiet débat [4].

---

1. O. « subscrivent ».
2. « Dit » n'est pas dans A.
3. O. « avons ».
4. 1373, 6 décembre, art. 9 (G. V, 647). — On appelait *nonobstance* une formule d'exception : voici un exemple : le 1ᵉʳ décembre 1403, Charles VI fait à
Robert d'Oissel, receveur de Sées, un don de 200 francs « *nonobstant les
gaiges qu'il prent de nous à cause de son office, les voyages qui tauxes lui
sont ou seront pour apporter les deniers de ladicte despense et autres dons par*

221. *Comment le Roy deffend que nul de ses secrétaires sinon les ordonnez ne voisent ou Grant conseil sanz exprès mandement.* — Item, deffendons à tous nosdiz secrétaires que eulx ne aucun d'eulx ne viengnent à nostre conseil, ne entrent ou lieu où nous le tendrons, se ilz ne sont expressément mandez de par nous ou nostre chancellier, excepté seulement ceulx qui seront ordonnez de servir oudit conseil et en leurs mois, sur les peines dessusdictes.

222. *Comment le Roy ordonne que des grosses besoingnes de son Grant conseil l'un des secrétaires fera ung registre qui sera en la garde du chancellier.* — Item, afin que nous puissons avoir en mémoire les besoingnes qui seront expédiées devant nous en nostre conseil ou par devers nostre chancellier pour nous, et que plus prestement, on puisse avoir recours à ce qui en aura esté ordonné, nous avons ordonné et ordonnons[1], comme autresfoiz a esté fait par noz prédécesseurs, que desdictes[2] choses et besoingnes qui se expédieront par devers nous ou nostredit chancellier en conseil[3], soit fait ung livre, ouquel sera escript continuelement par ung desdiz quatre notaires qui seront présens audit conseil, tout ce qui cotidiennement aura esté fait en nostredit conseil, dont mémoire soit à faire et la conclusion en laquelle nous et nostredit conseil serons demourez, avec les présens qui auront esté en icellui conseil; lequel livre sera en la garde de nostredit chancellier, et le fera apporter audit conseil et repporter en son hostel, et n'y escripra aucun autre, se il n'est desdiz quatre notaires[4].

---

nous à lui autresfois fais non exprimez en ces présentes, et l'ordonnance par nous faicte en nostre Grant conseil de non plus donner aucune chose sur les receptes ordonnées pour le fait de la despence desdiz hostels, et autres ordonnances, mandemens ou deffenses au contraire ». Bibl. Nat. f. franç. 25.708, n° 826.

1. O. « nous voulons et ordonnons ».
2. A donne « lesdictes choses ».
3. O. « chancelier et conseil ».
4. 1320, décembre, art. 4 (O. I, 733); — Tessereau, *Histoire de la chancellerie*, I, 11.

223. *De l'ordonnance que le Roy fait sur le fait de l'eslec-cion des secrétaires qui serviront pour son Grant conseil.* — Item, pour ce que ou temps passé par importunité de requérans et inadvertance, nous avons créez et ordonnez pluseurs noz secrétaires et notaires, qui estoient pou usagiez de faire lectres et moins souffisans, et aussi avons retenu pluseurs noz secrétaires, lesquelz n'estoient point notaires, dont pluseurs inconvéniens s'en sont ensuiz, nous avons ordonné et ordonnons, en ensuivant les ordonnances de noz prédecesseurs, que doresenavant nous ne retendrons[1] aucun en nostre service[2] pour nous servir en icellui office, se premièrement il n'est nostre notaire du nombre et ordonnance anciens ; et s'aucun s'efforce user dudit office contre ceste présente ordonnance, nous dès maintenant pour lors[3] déclairons icellui estre inhabille à estre doresenavant nostre secrétaire ; et en oultre avons ordonné et ordonnons que doresenavant aucun ne sera receu à estre[4] nostre notaire, se premièrement il n'est examiné par nostre chancellier ou ses commis, et que[5] par ledit examen il soit trouvé souffisant pour faire lettres tant en latin comme en françois, et avec ce que il soit trouvé de bonne meurs, bonne vie, loyal homme et de bonne conversacion.

224. *Comment le Roy deffend à ses secrétaires que ilz ne prengnent aucunes sommes de deniers de ceulx qui poursuivront lettres par requestes ou Grant conseil du Roy par manière de chappeaulx de byèvre ne autrement, etc., sur peine, etc.* — Item, il est advenu et advient souvent, quant nous ou nostre chancellier avons commandé aucunes lectres à aucuns de noz notaires ou secrétaires, que ceulx pour qui elles sont[6] commandées ne les pevent avoir desdiz notaires ou secrétaires, se premièrement ilz ne leur paient aucunes

---

1. O. « recevrons ».
2. O. « secrétaire ».
3. « Pour lors » n'est pas dans A.
4. A donne « receu en nostre notaire ».
5. O. « se ».
6. O. « seront ».

sommes d'argent, chappeaulx de bievres[1], vin ou autre chose, combien que[2] le plus souvent iceulx notaires ou secrétaires n'ayent mie ordonnées, ne faictes, ne escriptes lesdictes lettres, laquelle chose est ou grant dommaige et préjudice de ceulx qui les poursuivent et deshonneur desdiz notaires, qui doivent estre gens d'estat et sans reprouche, nous avons ordonné et ordonnons que doresenavant ilz ne prengnent ou exigent aucune chose de ceulx pour qui lesdictes lettres leur seront commandées, sans le congié de nous ou de nostredit chancellier, sur peine d'en estre griefment pugniz, s'il vient à nostre congnoissance; avec ce leur enjoingnons très estroictement que doresenavaut, quant aucunes lettres leur seront commandées, ilz les ordonnent et les escripvent ou facent escripre le plus tost et hastivement que faire pourront, et les monstrent à celluy ou ceulx qui auront faicte la requeste, afin que ceulx qui les poursuivent les puissent plus prestement avoir pour porter en nostre chancellerie[3].

225. *Comment le Roy ordonne que ses notaires et secrétaires comparent chacun jour à la chancellerie à l'eure ordonnéa, excepté les ordonnez à servir autre part.* — Item, pour ce que souvent est advenu et advient que en nostre chancellerie, quant nostre chancellier fait séeller, il y a si pou de nosdiz notaires, que l'expédicion des lettres des bonnes gens qui ont à faire en nostre chancellerie en est grandement retardée, nous enjoingnons à nosdiz notaires et secrétaires, c'est assavoir à ceulx qui ne seront par nous ordonnez à servir autre part, sur le serment qu'ilz ont à nous, et de l'amende de C solz parisis pour chacun jour qu'ilz feront faulte et de perdre leurs gaiges pour ledit jour, ou cas toutesvoyes qu'ilz n'auroient essoine ou excusacion raisonnable, laquelle ilz feront savoir à nostre chancellier, que ilz soient, chacun jour que on séellera en nostre

---

1. *Bièvre*, castor.
2. « Que » n'est pas dans A.
3. 1360, 27 janvier, art. 22 (O. III, 388).

chancellerie, à l'eure que nostre chancellier y entrera pour
séeller, et que ilz facent continuéle résidence, et demeurent
tant que nostredit chancellier y sera pour l'expédicion de
ceulx qui y auront à faire; et avec ce leur enjoingnons que
les lettres des povres gens qui vendront en ladicte chancellerie, qui leur seront commandées, ilz preugnent sans reffuz, les facent et expédient diligemment.

226. *Comment le Roy ordonne que le nombre de cinquante
neuf notaires souffist pour sa chancellerie et que plus n'en y
ait, et que ceulx qui n'ont que bourses seront pourveuz de
gaiges par ordre quant l'office vacquera.* — Item, combien
que ja pieça nostre feu seigneur et père eust ordonné ses
notaires pour le servir en sa chancellerie jusques au nombre
de LIX[1], pour l'estat desquelz soustenir il leur eust ordonné
de prendre bourses et gaiges, lequel nombre estoit et est
soulfisant, néantmoins pluseurs par importunité et inadvertance, quant aucun desdiz offices a vacqué, ont obtenu don
de nous d'icellui office estant fait à deux personnes, en des-
membrant icellui office, c'est assavoir à l'un les bourses et à
l'autre les gaiges, en faisant pour ung notaire deux, par
quoy ledit nombre ordonné par nostredit feu seigneur et
père a esté excessivement acreu, en nostre très grant préjudice et dommaige, pour les dons que iceulx notaires ont
pourchacié à eulx estre faiz, car souvent est advenu que
ceulx qui n'avoient que l'un des membres dudit office ne
nous povoient pour leur petite chevance servir honnestement, pourquoy nous, en ratiffiant et approuvant ladicte
ordonnance par nous autres foiz faicte, laquelle avec ceste
présente voulons estre tenue en ses termes, ordonnons et
déclairons que doresenavant, quant aucuns desdiz offices
vacquera de l'un qui aura bourses et gaiges ensemble, nous
ne le desmembrerons point, ne ne donnerons à aucun qui
paravant ne soit nostre notaire, à l'un les bourses et à
l'autre les gaiges; et se nous le faisions, nous dès mainte-

1. O. donne « six » au lieu de LIX.

nant déclairons le don estre nul et avoir esté impétré par
importunité ou inadvertance, en deffendant très expressément à nostre chancellier qu'il n'en séelle aucunes lettres;
et en oultre ordonnons et déclairons que jusques à plaine
et entière réducion, réintegracion et réunion desdiz offices
et desdiz gaiges et bourses au nombre dessusdit, toutes foiz
que lesdiz gaiges et bourses ensemble ou par parties vacqueront par mort ou autrement, ceulx qui à présent sont
pourveuz[1] d'office de notaire, non ayans que l'une d'icelles
parties, c'est assavoir bourses ou gaiges, soient premièrement pourveuz de l'autre partie d'icellui office, qui vacquera réalment et de fait, devant tous autres, et que le plus
ancien en ordre, eu regart au temps qu'il aura esté receu et
servy en l'office, soit le premier pourveu, et ainsi chacun
par ordre, selon ce qu'il aura plus longuement servy oudit
office; toutesvoyes nostre intencion n'est mie que, se
aucuns desdiz notaires qui sont à present ont vendu ou
autrement transporté l'un des membres dudit office, que ilz
soient pourveuz devant les[2] autres, supposé qu'ilz fussent
plus anciens notaires, mais seront pourveuz les derreniers,
pour ce que autresfoiz ilz en ont esté pourveuz et les ont
résignez; et pour exécuter ceste présente ordonnance et
faire ladicte provision par la manière que dit est, nous commectons nostredit chancellier qui à présent est, et ceulx qui
seront pour le temps advenir, en leur deffendant très
expressément que contre ceste présente ordonnance ilz ne
séellent aucunes lectres, et s'aucun impetroit ledit office par
autre manière que dit est, nous le repputons inhabille à
icellui et voulons que tous les prouffiz qu'ilz en auroient
receuz, soient recouvrez sur lui ou sur ses hoirs[3].

227. *Comment le Roy ordonne que ceulx de ses notaires*

---

1. « Sont pourveuz » n'est pas dans A.
2. O. « tous ».
3. 1361, 7 décembre (O. III, 532); — 1406, 19 octobre (O. X, 152). — Voir
Tessereau, *Histoire de la chancellerie*, I, 10, 21, 22; de Luçay, *les Secrétaires
d'État*, 6; Vuitry, *Études sur le régime financier*, 2e série, II, 386; A. Coville,
les Cabochiens, 61, 260.

qui par informacion seront trouvez non souffisans soient deschargiez, et mis autres souffisans en leurs lieux. — Item, nous avons en oultre esté advertiz que, combien que ou temps passé nous et noz prédécesseurs eussions acoustumé d'avoir et mectre tant en noz conseulx comme en nostre chancellerie, en laquelle toutes lettres de justice et autres quelzconques patentes, en tout cas et pour quelque cause que ce soit, sont expédiées, signées et séellées, bons et souffisans notaires et secrétaires, qui diligemment et honnorablement expédient les besoingnes délibérées[1] en nosdiz conseulz et nosdiz subgiez, quant ilz avoient à faire en iceulx et en nostredicte chancellerie, se congnoissoient[2] aussi en lettres de justice, savoient escripre manuélement et faisoient eulx mesmes et composoient[3] les lettres, tant patentes comme closes, missives et responsives à estrangiers, en latin et en françois, selon ce qu'il appartient à nostre honneur et auctorité, néantmoins puis aucun temps en ça[4] pluseurs, par importunité, faveur d'amis[5], par achat ou autres manières exquises et indeues, ont esté mis èsdiz offices et plus pour avoir dons de nous et autres prouffiz ou pour estre privilégiez que pour nous servir, combien qu'ilz ne feussent ne soient expers, dignes ne souffisans à nous servir èsdiz offices[6] ne telz comme dit est cy dessus, mais en y a aucuns qui ne scevent escripre comme leur office requiert, qui avecques ce ignorent le fait d'icellui office et à icellui sont inutiles, et, qui pis[7] est, aucun d'iceulx, comme entendu avons, ont fait pluseurs faultes en leursdiz offices et ne sont de tel gouvernement comme[8] il appartient pour nostre honneur et l'estat d'iceulx offices, nous, desirans pourveoir aux choses dessusdictes, voulons et ordonnons que ceulx

---

1. O. « expédient ».
2. O. « cognoissent ».
3. « Et composoient » n'est pas dans A.
4. « En ça » n'est pas dans A.
5. O. « aucuns ».
6. Tout ce passage depuis « et plus pour avoir dons » manque dans O.
7. O. « plus ».
8. O. « que ».

desdiz notaires et secrétaires qui seront trouvez non estre
convenables ou prouffitables pour ledit office exercer, tant
en latin comm₃ en françois et ès autres choses requises audit
office, à l'onne ir et prouffit de nous et de la chose publique,
soient de leurs offices de notaires et secrétaires deschargiez,
et ou lieu d'eulx mises notables personnes et souffisans ; et
pour enquérir et savoir ceulx qui ne sont mic [1] convenables
et prouffitables à ce que dit est et qui en leur office ont fait
aucune faulte, nous avons ordonné et commis, ordonnons et
commectons nosdiz commis, lesquelx, appellez avecques
eulx des dessusnommez en l'article [2] cy dessus posé ou
chappitre de Parlement faisant mencion des gens des
requestes de nostre Hostel, de nostre Parlement, de noz
comptes et des requestes de nostre Palais, et quatre des plus
anciens et souffisans [3] desdiz notaires et secrétaires et autres
telz que bon leur semblera, lesquelz adviseront la manière
de savoir ceulx qui ne sont èsdiz offices convenables ou
prouffitables, la manière de dire sur ce leurs oppinions, et
de y prendre conclusion et remédier selon leurs consciences,
lesquelz nous en chargons du tout quant à ce, et voulons
que tous ceulx qui par eulx ou la plus grant partie d'eulx
seront trouvez et concluz telz que dit est, c'est assavoir non
convenables ou prouffitables ausdiz offices soient deschargiez d'iceulx offices, et dèsmaintenant pour lors les en deschargons et voulons que ou lieu de eulx soient par les
dessus diz mesmes esleuz et advisez autres notables et souffisans personnes de bonne vie et honneste conversacion, au
bien et honneur de nous et de nostre justice, desdiz offices
et du bien publique de nostredit royaume, ausquelz oudit
cas nous en baillerons noz lettres patentes sans aucune
difficulté [4].

---

1. O. « pas ».
2. Art. 163.
3. « Et souffisans » n'est pas dans A.
4. 1343, 8 avril (O. II, 173). — Voir Tesseron, *Histoire de la chancellerie*,
I, 16.

228. *Comment le Roy deffend que pour enregistrer les chartes ne soit aucune somme de deniers prinse par les clercs de l'audiencier sur peine d'amende tant ausdiz clers comme à l'audiencier et contreroleur.* — Item, pour ce qu'il est venu à nostre congnoissance que, quant nous avons octroyé aucune chartre, laquelle il fault enregistrer, combien que ceulx pour qui elle est ayent payé XX solz parisis[1] pour le registre, ce non obstant les clercs de nostre audiencier, qui les enregistrent, ne les veulent expédier, se oultre et par dessus ce que dit est, ilz n'ont encores aucun prouffit d'argent, par quoy[2] les bonnes gens qui payent pour chacune chartre sept livres parisis[3], sont grandement grevez, nous deffendons très estroictement ausdiz clercs que doresenavant ilz ne prengnent ou exigent à la cause que dessus[4] aucune chose sur peine d'amende arbitraire, et pareillement deffendons à nosdiz audiencier et contreroleur que ce faire ilz ne le seuffrent, sur pareille peine.

DES EAUX ET FORESTS.

229. *Comment le Roy adnulle l'office de souverain et général maistre des eaues et forestz et tous ses gaiges et droiz.* — Item, combien que anciennement au fait du gouvernement des eaues et foretz de nostre royaume ne eust aucun qui oultre et par dessus les maistres ordinaires de nosdictes eaues et foretz se appellast grant ou souverain maistre desdictes eaues et forestz, néantmoins puis aucun temps en ça aucuns ont eu et impétré de nous ledit office de souverain maistre et gouverneur desdictes eaues et forestz de nostre dit royaume, et soubz umbre et couleur de ce[5] ont prins et exigié de nous grans et excessifz gaiges, dons et prouffiz. à

---

1. « Parisis » n'est pas dans A.
2. O. « pourquoy ».
3. O. « tournois ».
4. O. « dessusdicte ».
5. « De ce » n'est pas dans A.

nostre très grant charge, et fait et commis par eulx et leurs
commis et sergens pluseurs grans oppressions à nostre
peuple, nous, voulans à ce pourveoir, icellui office de grant
ou souverain maistre des eaues et forestz de nostredit
royaume, avecques touz droiz de chace et autres quelzconques que ceulx qui pour le temps passé ont esté grans
et souverains maistres desdictes eaues et forestz vouldroient
prétendre en nosdictes eaues et forestz à cause dudit office,
avons révoqué, rappellé, cassé et adnullé, révoquons, rap-
pelons [1], cassons et adnullons, et ne voulons que aucun [2]
doresenavant soit commis ne préposé en icellui ; et s'il advenoit que par importunité, inadvertance ou autrement, nous
octroyessions ou eussions octroyé à aucun ledit office, ou
sur ce baillées ou octroyées aucunes lettres, nous deffendons à nostre chancellier présent et advenir, sur le serment
et loyaulté qu'il a à nous, que aucunes il n'en séelle, à tous
noz notaires et secrétaires que aucunes ilz n'en signent, et
à nos gens des comptes que aucunes ilz n'en expédient ;
et néantmoins voulons que se aucun par voye oblique ou
autrement se boutoit oudit office, que tous les proufiz qu'il
en auroit euz et receuz, tant en gaiges comme autrement,
fussent et soient recouvrez sur luy ou sur ses hoirs [3].

230. *Comment le Roy ordonne qu'il n'y aura que six
maistres des eaues et forestz, c'est assavoir deux pour Picardie, deux pour France, ung pour Touraine et ung pour
Languedoc, aux gaiges et droiz anciens.* — Item, voulons
et ordonnons que pour le gouvernement de toutes les eaues
et forestz de nostre royaume, aura doresenavant six maistres

---

1. A donne « appelons ».
2. O. ajoute ici « droit ».
3. Il est sans doute fait allusion dans cet article aux lettres royaux du
18 mai 1413 instituant Guillaume de La Trémoille souverain maître général
des eaues et forets (*Bibl. Nat. Clair.* 782, f° 82). Huit jours après, le 25 mai, un
mandement des « commis ordonnés à entendre et pourveoir au bien publique
du royaume » interdisait aux gens des comptes de procéder à l'expédition et
vérification de ces lettres (*Bibl. Nat. f. franç.* 20.436, f° 54). — Voir A. Coville,
les Cabochiens, 42, 293.

tant seulement, c'est assavoir en noz pays de Picardie deux,
en noz pays de France, Champaigne et Brie, deux, en nostre
pays de Touraine ung, et en nostre pays de Languedoc ung,
lesquelz serviront à leurs gaiges et droiz ordinaires seulement, et ne prendront aucuns droiz ès forfaictures ne ès
amendes[1]; et n'aura doresenavant aucun gruyer en Champaigne des eaues et des forestz[2]; et oultre ordonnons que,
quant les offices desdictes eaues et forestz ou l'un d'iceulx
vacqueront ou vacquera, que à iceulx soit pourveu par bonne
esleccion en nostre Chambre des comptes, de bonnes personnes et souffisans, par nostre amé et féal chancellier, appellez avecques lui des gens de nostre Grant conseil, de noz
chambellains et chevaliers et des gens de nosdiz comptes
en nombre compétent; et se aucun entroit èsdiz offices par
autre manière ne oultre le nombre dessus dit[3], nous dèsmaintenant pour lors le repputons inhabille à icellui et à
tous autres offices royaulx, et voulons que tout ce qu'il en
auroit receu de prouffit, à tiltre de gaiges ou autrement, soit
recouvré sur lui ou sur ses hoirs.

231. *Comment le Roy ordonne que l'appel des maistres
des eaues et forestz et de leurs commis et sergens ressortisse
en Parlement.* — Item, voulons et ordonnons que s'il advient
doresenavant que des sentence, jugement, dit, ordonnance
ou appoinctement ou autres exploiz desdiz maistres desdictes
eaues et forestz, de leurs commis, sergens et depputez ou
d'aucun d'iceulx, aucuns de noz subgiez se sentent[4] agrevez
ou opprimez, ilz en puissent, se bon leur semble, appeller
ou réclamer à nous ou nostre court souveraine de Parlement,

---

1. 1346, 29 mai, art. 1 (O. II, 245); — 1360, 27 janvier, art. 12 (O. III,
386); — 1375, 22 août (O. VI, 141); — 1376, juillet, art. 2 (O. V, 226); — 1379,
28 février, art. 21 (O. VI, 351); — 1388, 9 février, art. 4 (O. VII, 175); —
1401, 7 janvier, art. 16 (O. VIII, 416); — 1408, 7 janvier, art. 18 (O. IX, 285).
— Voir A. Coville, *les Cabochiens*, 294, n. 3.
2. Voir l'art. 40 de l'ordonnance, et 1406, 24 juillet, art. 8 (Douët d'Arcq,
Pièces du règne de Charles VI, I, 294); — 1408, 7 janvier, art. 18 (O. IX, 285).
3. O. « déclairé ».
4. « Se sentent » n'est pas dans A.

et que sur ce, sans difficulté ou contredit, adjournement en cas d'appel leur soient octroyez en nostre chancellerie, en la forme et manière acoustumée.

232. *Comment le Roy ordonne que les bonnes gens ne soient adjournez devant lesdiz maistres, sinon à jour certain ès mectes de leurs chastellenies, sur peines, etc.* — Item, pour ce que ou temps passé les maistres desdictes eaues et forestz ont fait convenir et adjourner par devant eulx les bonnes gens par adjournemens ou assignacions généraulx, quelque part que ilz feussent, sans désignacion de lieu certain, par quoy lesdictes bonnes gens ont esté grandement travailliez et dommaigiez, nous avons ordonné et ordonnons que doresenavant lesdiz maistres des eaues et forestz ne facent ou seuffrent adjourner lesdictes bonnes gens, se ce n'est en lieu certain et ès mectes de leurs chastellenies, et ce leur commandons et enjoingnons sur peine de perdre leurs offices et d'estre griefment pugniz; et se autrement le font, nous voulons que les adjournez n'y soient tenuz de comparoir, et que se deffault estoit prins et impetré contre eulx, que il soit nul et de nul effect [1].

233. *Comment le Roy deffend ausdiz maistres qu'ilz n'entreprengnent juridicion ne congnoissance d'autres matières que de celles qui touchent le fait desdictes eaues et forestz seulement, sur peines.* — Item, pour ce que ou temps passé les maistres de nosdictes eaues et forestz se sont entremis [2] de tenir juridicion de nostre héritaige et demaine, en absence de nostre conseil et de nostre procureur, dont moult grans dommaiges s'en sont ensuiz et pourroient ensuir ou temps advenir au regart de nous et de nostre demaine, et aussi ont entreprins la juridicion et congnoissance des accions et débaz qui en riens ne touchent le fait de nosdictes eaues et forestz, et dont la congnoissance doit

---

1. 1346, 15 février, art. 10 (O. II, 241); — 1376, juillet, art. 7 (O. V, 227); — 1389, 1er mars, art. 6 (O. VII, 772); — 1402, septembre, art. 7 (O. VIII, 523).
2. O. « entretenus ».

appartenir à noz juges ordinaires, nous avons deffendu et deffendons ausdiz[1] maistres des eaues et forestz, sur la peine contenue et déclarée ou prochain article précédent, que doresenavant ilz n'entrepreignent la court ou congnoissance d'aucunes questions qui touchent la propriété ou droit[2] de nostredit demaine, mais en laissent la court et congnoissance aux juges ausquelz la congnoissance en appartient; et aussi leur deffendons sur les peines dessusdictes que doresenavant ilz n'entrepreignent la juridicion, court ou congnoissance des accions ou débaz réels ou personnelz, fors des cas touchans directement nosdictes eaues et forestz, c'est assavoir des délitz commis ou fait de nosdictes eaues et foretz, ou de la transgression des ordonnances sur ce faictes, ou pour[3] aucuns de noz marchiez desdictes eaues et forestz, que lesdictes parties prétendront[4] chacune à lui appartenir, et en autre cas voulons et ordonnons que lesdictes accions ou poursuites soient démenées et déterminées devant les bailliz, prévostz et autres juges ordinaires des parties; et se autrement le font, nous voulons que par les juges ordinaires, à qui de ce la congnoissance en appartendra, ilz soient contrains à restituer aux parties blécées despens, dommaiges et intérestz[5].

234. *Comment le Roy deffend que pour le séel de chacune lettre de vente ou délivrance ne soit payé que X solz parisis ou tournois au plus ou au dessoubz, et pour le vin XL solz parisis ou tournois sur peine de restitucion, etc.* — Item, nous deffendons ausdiz maistres de noz eaues et forestz, sur peine d'amende arbitraire, que des lettres des ventes et délivrances que ilz font des ventes de nosdictes eaues et foretz, ils ne preignent pour séel et escripture de la plus

---

1. O. « nosdis ».
2. A donne « du droit ».
3. O. « par ».
4. O. « prétendroient ».
5. 1355, 28 décembre, art. 19 (O. II, 238); — 1357, 3 mars, art. 23 et 24 (O. III, 135); — 1376, *juillet*, art. 8 (O. VI, 227); — 1389, 1er *mars*, art. 7 (O. VII, 772); — 1402, *septembre*, art. 47 (O. VIII, 539).

grant vente que X solz tournois en pays de tournois, et
X solz parisis en pays de parisis, et des autres au dessoubz
à la value; et aussi leur deffendons sur ladicte peine que
pour ce ilz ne facent payer aux marchans pour vin oultre la
somme de XL solz tournois en pays de tournois comme
dessus, et se plus en estoit payé, si n'en rendra plus l'enchérisseur, s'il y vient; et ce pareillement deffendons nous
aux marchans sur ladicte peine, qui prendront lesdictes
ventes de bois; et se plus en est exigié, nous voulons,
oultre la peine dessusdicte, que tout ce qui en sera levé soit
restitué à la partie qui l'aura payé, ensemble tous coustz,
dommaiges, despens et intérestz par [1] celluy qui l'aura receu
ou exigié [2].

235. *Comment le Roy deffend ausdiz maistres et autres
officiers qu'ilz ne mectent en procès les bonnes gens sans
informacion précédent, et pour la délivrance et expédicion
des lectres de leurs droiz ne prengnent aucun prouffit.* —
Item, pour ce qu'il est venu à nostre congnoissance que lesdiz maistres des eaues et foretz et autres officiers d'icelles,
sans cause raisonnable et sans informacion précédent, ont
fait approuchier par pluseurs foiz les bonnes gens par devant
eulx et leur ont mis empeschement en leur droiz, et avant
qu'ilz aient peu avoir autre [3] délivrance, ont prins et exigié
d'eulx argent ou autre prouffit, ou grant grief, préjudice de
nostre peuple et en grant esclandre et lezion de justice,
nous défendons très estroictement ausdiz maistres desdictes
eaues et forestz et autres officiers d'icelles, que doresenavant ilz ne mectent aucun en procès ou en cause par devant
eulx, sans cause raisonnable et informacion précédent; et
avec ce leur deffendons que pour la délivrance des bonnes
gens et de leurs droiz, lesquelz auront esté mis en procès
par devant eulx, ilz ne preignent ou exigent d'eulx aucun

1. O. « pour ».
2. 1376, *juillet, art.* 12 (O. VI, 226); — 1389, 1er *mars, art.* 11 (O. VII, 772)
— 1402, *septembre, art.* 11 (O. VIII, 525).
3. O. « aucune ».

argent ou[1] prouffit, sur peine d'amende arbitraire, de privacion de leurs offices et de restitucion de despens, dommaiges et intérestz à partie blécée.

236. *Comment le Roy deffend ausdiz maistres et aux
gruyers, grayers et autres officiers qu'ilz n'empeschent les
bonnes gens en leurs droiz des forestz et pour la délivrance
d'iceulx ne prengnent aucun prouffit.* — Item, et pareillement pour ce qu'il est venu à nostre congnoissance que lesdiz maistres des eaues et forestz, verdiers[2] et autres officiers font pluseurs empeschemens aux bonnes gens soubz
umbre des grueries et graeries[3] que nous avons èsdictes
forestz, et pour les tiers et dangiers[4] que nous prenons en
icelles, et font[5] lesdiz empeschemens sans cause raisonnable, afin d'avoir aucun proufit des bonnes gens à cause
desdiz empeschemens, nous deffendons aux dessusdiz
maistres, gruyers et grayers et autres officiers desdictes
eaues et forestz, que doresenavant ilz ne facent ausdictes
bonnes gens telz empeschemens, et ne leur empeschent
leurs coustumes et usaiges, desquelz ils les trouveront avoir

---

1. « Argent ou » n'est pas dans A.

2. *Verdier* « est un officier des bois et forests qui est inférieur au maître et
qui a juridiction jusqu'à LX sols pour les forfaictures, qui commande aux
sergens et gardes et connoît des amendes coutumières » (O. X, 131).

3. « La *graierie* était considérée comme une sorte de droit de co-propriété
du fonds, qu'à une époque plus ou moins ancienne, le roi s'était réservée, en
sorte que le propriétaire de la forêt ne pouvait disposer d'aucun arbre et
faire aucune coupe sans la permission de son co-propriétaire et sans lui
abandonner une partie du produit de la vente... » — « La *gruerie* ne supposait
au roi aucun droit de co-propriété dans le fonds ; elle ne lui attribuait pas
moins le droit de justice immédiate sur la forêt, les amendes et les confisca-
tions prononcées à l'occasion de délits forestiers et une part dans le prix de
bois vendus. » Vuitry, *Études sur le régime financier*, I, 307.

4. *Tiers* et *dangers*, « c'est le droit que le duc de Normandie conserva sur
les bois de ses vassaux. En vertu de ce droit... il prélevait le tiers et le
dixième du produit de ces bois ». Delisle, *Études sur la condition des classes
agricoles en Normandie*, 335. — « Comme le mot *danger* (seigneurie) l'indique,
ce droit était perçu par le duc de Normandie en vertu de sa souveraineté sur
le fonds des forêts de la province. » Delisle, *Des revenus publics en Normandie*. Bibl. de l'École des Chartes, 1849, 250.

5. O. « sont ».

jouy d'ancienneté, sans cause raisonnable et sans informacion précédent, et que pour lever et oster lesdiz empeschemens, ilz ne preignent aucun prouffit ou argent desdictes
bonnes gens, sur peine de privacion de leurs offices et
d'amende arbitraire et de restitucion de tout ce que prins
et levé en auroient.

237. *Comment le Roy ordonne que par lesdiz maistres
visitacion générale soit faicte des eaues et forestz deux foiz
chascun an pour le moins, etc.* — Item, pour ce que nous
avons entendu que lesdiz maistres des eaues et forestz ont
petitement visité icelles, et que par deffault de visitacion
elles sont grandement foulées et dommaigées, nous voulons
et ordonnons que lesdiz maistres les visitent chascun an de
général visitacion deux fois à tout le moins, et les visitent
de garde en autre, présens et appellez avecques eulz les
receveurs, vicontes ou procureurs des lieux, les verdiers,
gruyers, gardes et sergens, et a chascune foiz facent escripre
et enregistrer le fait d'icelles forestz, et envoient leur
registre en nostre Chambre des comptes et à noz trésoriers;
et seront tenuz lesdiz receveurs, vicontes et procureurs aler
avecques lesdiz maistres des eaues et forestz, quant requis
en seront, et tout ce que dit est dessus enjoingnons aux
dessus nommez sur peine d'amende arbitraire[1].

238. *Comment le Roy révocque et adnulle tous les sergens
dangereux des eaues et forestz et deffent que lesdiz maistres
n'en facent nulz.* — Item, nous avons ordonné et ordonnons
que lesdiz maistres des eaues et foretz ne autres officiers
d'icelles ne puissent establir sergens, ne donner sergenteries
desdictes forestz à gaiges ou sans gaiges; et deffendons a
celluy qu'ilz auroient establi, qu'il ne soit si hardi d'en
user, s'il ne l'a par nostre grâce et octroy, ou se il n'y a
évident et souffisant cause; ouquel cas lesdiz maistres y
pourront commectre à temps et par provision jusques à trois

---

1. 1376, *juillet*, *art.* 3 (*O. VI*, 227); — 1389, 1ᵉʳ *mars*, *art.* 2 (*O. VII*, 771).

moys au plus loing[1]; et pour ce qu'il est venu à nostre
congnoissance que ceulx qui ont gouverné nosdictes[2] eaues
et forestz, ont fait le temps passé pluseurs sergens appellez
sergens dangereux[3], lesquelz ont fait pluseurs griefz et
oppressions à noz subgiez, dont pluseurs plaintes ont esté
faictes à nous et à nostre conseil, nous, qui voulons relever
noz subgiez de toutes oppressions, et qui avons assez officiers ordinères pour gouverner[4] nosdictes eaues et foretz,
se ilz font leur devoir, avons ordonné et ordonnons que
doresenavant nous n'aurons aucuns telz sergens dangereux,
mais ceulx qui de présent y sont avons du tout rappellez et
révoquez, rappellons et révoquons par ces présentes, en
adnullant du tout leur office et povoir; et deffendons à
tous[5] ceulx qui gouvernent nosdictes eaues et forestz, que
doresenavant n'en facent aucuns; et se ilz le font, nous ne
voulons que à iceulx sergens soit aucunement obéy par nosdiz subgiez, mais voulons que, se aucun par importunité ou
autrement, depuis la publicacion de ces présentes, impétroit
ledit office, que il soit pugny d'amende arbitraire et autrement par bonne justice selon le cas.

239. *Comment le Roy ordonne que par les gruyers et
maistres sergens des eaues et forestz aucunes composicions
d'amendes devant eulx ne soient faictes, mais facent raison
et justice sur peine d'amende et de pugnicion.* — Item, pour
ce que ou temps passé les maistres et verdiers[6], gruyers et
maistres sergens desdictes eaues et forestz ont acoustumé
que, quant il estoit débat devant eulx d'aucunes forfaitures
ou amendes, de user de composicions et de prendre prouf-

_____

1. 1376, *juillet, art.* 36 (*O. VI,* 237); — 1389, 1er *mars, art.* 35 (*O. VII,* 776);
1403, *septembre, art.* 34 (*O. VIII,* 528).
2. O. « lesdictes ».
3. Les *sergens dangereux* « avoient esté créés pour la conservacion des
droits du roi. Ils exploitoient et faisoient prises dans les forets où il y avoit
droit de tiers ou de danger sans tiers. » O. X, 132.
4. O. « garder ».
5. « Tous » n'est pas dans A.
6. « Et verdiers » n'est pas dans A.

fit singulier contre justice et en nostre préjudice et de noz subgiez, nous deffendons à tous lesdiz officiers que doresenavant ne usent teles composicions, mais facent à ung chacun raison et justice selon le cas; et s'il advenoit que après ceste deffense aucuns usassent desdictes composicions, nous ne voulons que aucunes en soient payées par noz subgiez, ainçois voulons que ceulx qui les auroient faictes ou s'efforceroient de les fère soient pugniz et contrains à nous fère amende tele comme raison donra[1].

240. *Comment le Roy ordonne que les maistres exercent leurs offices en personne s'il n'y a cause d'empeschement raisonnable, ouquel cas ilz pourront commectre lieuxtenans dont ilz seront tenuz respondre.* — Item, pour ce que nous avons eues pluseurs plaintes des maistres de noz eaues et forestz et de leurs lieuxtenans, nous voulons et ordonnons que doresenavant lesdiz maistres exercent leurs offices et congnoissent en leurs personnes des excès et délitz commis èsdictes eaues et forestz et d'autres choses dont la congnoissance leur appartient à cause de leursdiz offices, se ilz n'avoient occupacion légitime, ouquel cas ilz pourront prendre lieuxtenans bons et souffisans et bien esleuz, desquelz ilz respondront, afin que aucun inconvénient n'en adviengne, lequel s'il advenoit par deffault de y avoir mis bons lieuxtenans, celluy desdiz maistres qui auroit mis tel lieutenant, sera tenu de restituer le dommaige qui en vendroit, et à le[2] nous amender d'amende tele que de raison[3].

241. *Comment le Roy veult et ordonne que chacun homme du pays puisse chacier aux loups et loultres, pourveu qu'ilz ne préjudicient aux garennes et droiz des seigneurs.* — Item, pour ce que pluseurs louvetiers et loutriers se sont efforciez et efforcent pluseurs foiz de empeschier les bonnes gens de prendre et tuer les loups petiz et grans, et de amplier les

---

1. 1376, *juillet*, *art*. 37 (*O. VI*, 233); — 1402, *septembre*, *art*. 35 (*O. VIII*, 528).
2. O. « ce ».
3. 1346, 5 *février*, art. 10 (O. II, 241); — 1351, 5 avril, art. 20 (O. II, 408).

termes de leurs commissions et de exigier sur le povre peuple, par fraulde et mauvais malice, grans sommes de deniers pour cause desdiz loups et loutres, en venant contre noz ordonnances sur ce faictes, il nous plaist, voulons et permectons par ces présentes que toutes personnes, de quelque estat que elles soient, puissent prendre, tuer et chasser sanz fraulde tous loups et loultres, grans et petiz, mais que ce ne soit ou préjudice des droiz et [1] garennes des seigneurs, et aussi que ce ne soit en la manière que les nobles ont acoustumé de chasser; et voulons et ordonnons que la somme acoustumée estre payée à ceulx qui prennent loups grans et petiz leur soit payée par noz trésoriers et receveurs de nostre demaine en la manière ancienne et acoustumée; et avec ce défendons à tous louvetiers et loultriers, sur quanque ilz se pevent meffaire envers nous et en peine d'en estre pugniz très griefment, que de prendre lesdiz loups et loultres ilz n'empeschent aucunement lesdictes personnes ou aucunes d'icelles, et aussi leur deffendons sur lesdictes peines qu'ilz n'abusent aucunement des termes de leurs commissions et des ordonnances faictes sur icelles, et que ilz ne travaillent ou molestent aucunement indeuement le peuple; et en oultre commandons et enjoingnons à touz noz juges ordinaires que se ilz scevent par plaintes ou autrement que iceulx louvetiers et loultriers commectent aucunes frauldes en ce que dit est, ou abuz, qu'ilz les pugnissent ainsi qu'il appartendra à faire par raison, et les contraignent à rendre et restituer tout ce que indeuement et contre la teneur de leurs commissions, ilz auroient exigié de noz subgiez ou d'aucun d'eulx, comme de noz propres debtes [2].

242. *Comment le Roy adnulle toutes garennes nouvelle-*

---

1. O. « des ».
2. Voir 1396, mars, art. 4 (O. VIII, 63); Villequez, *Du droit de destruction des animaux malfaisants et nuisibles*, 206, 208; R. de Maulde, *Etudes sur la condition forestière de l'Orléanais*, 162, 181; A. Coville, *les Cabochiens*, 82, 300.

ment faictes depuis quarante ans et les anciennes acreues ramène à leurs termes anciens. — Item, il est vray que plu-seurs seigneurs de nouvel et puis XL ans en ça par leur grant force et puissance et par la faiblesse, povreté et sim-plesce de leurs subgiez et voisins, ont fait et introduit nouvelles garennes et estendues les leurs anciennes oultre les anciens termes en despeuplant le pays voisin des hommes et habitans, et le peuplant de bestes sauvaiges, par quoy les labouraiges et vignes des povres gens ont esté telement domaigiez et gastez par icelles bestes sauvaiges, que icelles povres gens n'ont eu de quoy vivre, et leur a convenu laissier leur domicile, qui est [1] contre les ordonnances pieça faictes par noz prédécesseurs [2], par lesquelles toutes nouvelles garennes ont esté deffendues et les anciennes ramenées à leurs premiers termes, pourquoy nous avons ordonné et ordonnons que toutes nouvelles garennes ordonnées [3] depuis XL ans en ça, soient les nostres ou autres, soient ostées, adnullées ou abbatues, et icelles dèsmaintenant ostons, adnullons et abbatons; et pareillement avons ordonné et ordonnons que toutes les garennes anciennes qui depuis ledit temps ont esté acreues et estendues soient ramenées et réduites à leurs termes anciens, et icelles dèsmaintenant ramenons et réduisons à leurs anciens termes, en mandant à tous noz bailliz, séneschaulx, procureurs et autres offi-ciers, chacun en sa puissance et juridicion, que ainsi le facent faire tantost et sans aucun délay après la publicacion de ces présentes; et lesdictes publicacion, réduccion et autres choses dessusdictes deuement faictes et acomplies par nosdiz officiers, nous donnons [4] congié et licence à toutes personnes de chacier désoresmais sans fraulde ès dictes nouvelles garennes et accroissemens faiz ès anciennes garennes depuis ledit temps, pourveu que ce ne soient mie

---

1. « Qui est » n'est pas dans A.
2. 1355, 28 décembre, art. 21 (O. III, 31), et 1357, 3 mars, art. 25 (O. III, 136).
3. O. « faictes ».
4. O. « avons donné ».

gens [1] laboureurs ou de mestier ou de petit estat, qui se y
pourroient occuper en délaissant leurs labouraiges et mestiers ; car nostre intencion n'est mie que gens de tel estat
puissent chacier comme les gens nobles ou autres gens
d'estat ; toutesvoyes, nous plaist-il et voulons que, se les
bestes sauvaiges viennent en leurs héritaiges hors garenne,
ilz les puissent prendre et tuer en leurs diz héritaiges, sans
pour ce en encourir en aucun dangier de justice [2].

243. *Comment le Roy ordonne que ses subgiez ne soieut
empeschiez soubz umbre d'avoir prins bestes sauvaigines et
oiseaulx hors garennes, etc, et vendues icelles, etc.* — Item,
pour ce qu'il est venu à nostre congnoissance que quant il
est advenu et advient que aucuns de noz subgiez se sont
esbatuz et esbatent à prendre lièvres, connyns, perdrix,
aloes, oyseaulx ou aultres menues sauvagines, hors garennes et souventesfoiz pour gaigner les vies d'eulx et de
leurs enffans, ou les vendent en noz bonnes villes, tantost
après ce ilz sont si opprimez, mengiez et travaillez par
adjournemens, composicions, ou autrement durement traictiez par les gens et officiers de noz eaues et forestz, soubz
couleur de certaines noz lettres piéça octroyées à nostre amé
et féal cousin le conte de Tancarville, pour lors souverain
maistre de nosdictes eaues et forestz [3], par lesquelles l'en
dit nous avoir deffendu à tous nosdiz subgiez, nobles et
gens d'église exceptez, que aucunement ne s'entremectent à
prendre les espèces des oyseaulx et sauvaigines dessusdiz,
et ne délaississsent leurs labours et mestiers pour ce faire,
nous avons ordonné et deffendu, ordonnons et défendons
que doresenavant soubz umbre ne par vertu desdictes
lettres nosdiz subgiez ne soient vexez, travaillez ne molestez pour les causes dessusdictes ne aucunes d'icelles.

244. *Comment le Roy abolit et mect au néant tous péaiges*

---

1. « Gens » n'est pas dans A.
2. Voir Championnière, *De la propriété des eaux courantes*, 63, 78, 79.
3. Lettres du 10 janvier 1397 (O. VIII, 117).

et travers mis sus de tel temps qu'il est encores mémoire et aussi les accroissemens des anciens péaiges. — Item, pour ce que pluseurs desdiz seigneurs puis pou de temps en ça ont introduit et levé en leurs terres et rivières, comme en la rivière du Rosne, de Loire, de Seine et autres [1], grans et excessifs acquis et péaiges sur les denrées et marchandises passans par les destroiz desdictes terres et rivières, et ceulx qui d'ancienneté ont aucuns péaiges les ont accruz et levez greigneurs ou grant prejudice [2] du bien publique et de la marchandise de nostre royaume, nous avons ordonné et ordonnons que touz péaiges et acquitz, soit par terre ou par rivière, introduiz et levez de tel temps qu'il est encores mémoire de leur commencement, soient aboliz et mis au néant, et par ces présentes les abollissons et mectons au néant, et deffendons [3] à tous, sur peine de forfaire les terres à cause desquelles ilz s'efforceroient de lever lesdiz péages, et d'amende arbitraire à appliquer à nous, que nul [4] doresenavant n'en use, s'il n'en a congié et licence de nous, ou se il n'a tiltre souffisant de ce fère, lequel tiltre il sera tenu de monstrer et exhiber à nostre procureur général dedens ung an après la publicacion de ces présentes, sur peine de perdre le droit qu'il y aura ; auquel nostre procureur général et à touz noz autres procureurs chacun en son povoir, nous mandons que de fère abatre lesdiz péaiges et travers facent incontinent après la publicacion de ces présentes lettres [5] diligence et poursuite ; mandons aussi et commandons à tous noz autres [6] juges [7] et officiers et à chacun d'eulx, comme à lui appartendra [8], sur peine d'amende arbitraire que ceste présente ordonnance ilz facent diligemment exécuter [9].

---

1. « Et autres » n'est pas dans A.
2. O. « dommage ».
3. O. « en deffendant ».
4. « Nul » n'est pas dans A.
5. « Lettres » n'est pas dans A.
6. « Autres » n'est pas dans A.
7. O. « justiciers ».
8. O. « appartient ».
9. 1360, 5 décembre (O. III, 435) ; — 1367, 4 décembre (O. V, 89) ; — 1380, 7 décembre (O. XII, 131). — Voir A. Coville, *les Cabochiens*, 302.

245. *Comment le Roy ordonne que les acquitz et péaiges sur quoy l'en doit repparer et soustenir les ponts, chaussées et passaiges soient arrestez en la main du Roy ou cas que les seigneurs qui à ce sont tenuz ne les feront repparer dedens l'an de la publicacion de ces présentes ordonnances.*
— Item, il est vray que aucuns desdiz seigneurs et autres qui ou temps passé ont levé et fait lever en leurs terres et seigneuries pluseurs acquiz, péaiges et travers à tiltre onéreux et charge [1] de retenir et soustenir les ponts, ports, chemins et chaussées, dont ilz ne font riens, et toutesvoyes lièvent tousjours lesdiz acquiz, péaiges et travers, nous avons ordonné et ordonnons que tous ceulx qui ont péaiges, chaussées ou pontenaiges à la charge de retenir, soustenir souffisamment aucunes desdictes choses, facent refaire ou soustenir ce dont ilz sont chargiez, soient ponts [2], ports, chemins, chaussées et autres choses dedens ung an après la publicacion de ceste présente ordonnance au siège du bailliage duquel ilz seront; et néantmoins mandons et commandons à tous noz juges et officiers, sur les peines déclairées ou prochain précédent article, que incontinent après ledit an [3] passé, se lesdiz ponts, chaussées, chemins et autres choses que les seigneurs ayans lesdiz truaiges sont tenuz de reffaire et retenir, ne le sont souffisamment dedens ledit temps, ilz preignent et mectent en nostre main les prouffiz desdiz truaiges et les facent lever et cueillir par bonnes personnes et souffisans soubz nostre main, et des prouffiz qui en ystront facent refaire et retenir lesdiz ponts, chaussées, chemins et passaiges; et pareillement voulons, ordonnons et mandons que de noz ponts, passaiges, chemins et chaussées ainsi soit fait.

246. *Comment le Roy ordonne que tous gortz, isles et empeschemens de nouvel faiz ès rivières du Rosne, Loire, Seine et autres, dont il est mémoire du commencement, soient*

---

1. O. « chargié ».
2. O. « pour ».
3. O. « temps ».

abbatuz et ostez et adnullez, etc. — Item, est venu à nostre
congnoissance que depuis le temps déclairié en l'article précédent, pluseurs seigneurs et autres ont fait pluseurs gors[1]
et autres choses à prendre poisson, et aussi pluseurs ysles
et autres empeschemens ès rivières publiques de nostre
royaume, par quoy[2] le poisson ne puet monter contremont
icelles rivières, mais est tout arresté et prins en iceulx
gors, et aussi par lesdiz empeschemens les cours desdictes
rivières en sont grandement empeschiez et telement que,
quant il est grant habondance d'eaues, les pays voisins et
labouraiges d'iceulx en sont du tout perduz et gastez, ou très
grant prejudice du bien publique de nostre royaume et des
subgiez desdiz pays voisins ; pourquoy nous avons ordonné
et ordonnons, voulons et nous plaist par ces présentes que
tous lesdiz gors, isles et empeschemens qui depuis tel temps
ont esté faiz de nouvel, qu'il est encores mémoire du commencement, soient despeciez, ostez et adnullez réalment et
de fait ; et mandons et commandons à touz noz bailliz,
séneschaulx, juges et autres officiers, chacun en sa juridicion et pour tant comme à lui appartendra[3], sur peine de
ladicte amende arbitraire, que lesdiz gors, isles et autres
empeschemens faiz depuis ledit temps èsdictes rivières
publiques, ilz facent le plus tost que bonnement pourront
après la publicacion de ces présentes, oster, despeschier,
adnuller et ramener réalment et de fait en leur premier
estat aux despens de ceulx qui auront faiz lesdiz empeschemens, appellez ceulx toutesvoyes à qui la chose touche.

247. *De l'ordonnance que le Roy fait sur le curaige des
fosses et rivières publiques et sur l'amendement des chaussées et chemins publiques dont nul n'est subgiet les soustenir*

---

1. *Gors*, « espaces dans les rivières, où on a dressé des pieux pour y
tendre des filets et prendre le poisson », O. λ, 135. — « Pêcherie consistant
en deux rangs de perches obliques réunies par un filet », Lacurne Sainte-Palaye
Glossaire de l'ancien françois, v° *Gort*.

2. O. « pourquoy ».

3. O. « appartient ».

et nectoyer, etc. — Item, pour ce que nous sommes souffi-samment acertennez que en nostredit royaume a pluseurs rivières publiques et pluseurs autres fossez anciennement faiz pour wydier et essoyer[1] les eaues a fin de la conserva-cion des labouraiges des pays ou ilz ont esté faiz, a[2] aussi pluseurs chemins, chaussées et passaiges telz que bonne-ment on n'y puet passer sans très grans inconvéniens ou dangiers, desquelz on est mie certain qui les doit nectoyer, curer, soustenir et tenir en estat convenable, nous man-dons et commandons à tous noz séneschaulx, bailliz, pré-vostz et autres juges chacun en sa juridicion, que bien et diligemment ilz se informent se aucuns sont tenuz de remectre lesdictes choses en estat et par quel coulpe les inconvéniens sont advenuz ; et ceulx que ilz trouveront par lesdictes informacions y estre tenuz, ilz les y contraignent vigoureusement[3] et sans déport et sans aucun délay, par prinse et explétacion de leurs biens et heritaiges, et pareil-lement le facent de ceulx par quelle coulpe lesdiz empes-chemens seront advenuz ; et se ilz ne treuvent que aucun soit tenu à réparer les choses dessusdictes, ou que par la coulpe de autruy lesdiz inconvéniens soient advenuz, nos-diz juges, appellez avecques eulx des plus notables habi-tans et mesm[em]ent ayans heritaiges environ et près des rivières, fossez et passaiges dessusdiz, et par le conseil de[4] la plus grant et plus saine partie desdiz habitans, adviseront la voye et manière la plus aisée, légière et moins grevable et dommaigable, soit par taille ou impost sur lesdiz habi-tans ou lesdiz heritaiges ; et ce qui sera advisé estre le plus convenable feront prestement mectre à exécucion et curer, nectoier et mectre en estat deu, telement que les empes-chemens soient du tout ostez, non obstant opposicions et appellacions et sans autre mandement actendre[4].

---

1. « Et essoyer » n'est pas dans A.
2. O. « et ».
3. O. « rigoureusement ».
4. « Le conseil de » n'est pas dans A.
5. Voir Champollion, *Droits et usages concernant les travaux de construc-tion publics et privés sous la troisième race*, 74, 110, 115.

248. *Comment le Roy ordonne que par les vicontes et juges ordinaires les repparacions contenues ès deux articles précédens soient faictes faire sans pour ce prendre sinon salaire modéré, en adnullant toutes commissions données et à donner.*
— Item, pour ce que souventesfoiz est advenu que soubz umbre de faire faire les choses contenues et déclairées ès deux précédens articles, pluseurs noz séneschaulx, bailliz, prévostz et autres officiers ont exigié des subgiez de nostre royaume pluseurs grans sommes de deniers, pluseurs aussi tant noz officiers comme autres se sont efforcez d'impétrer de nous, de noz lieuxtenans, bailliz ou prévostz pluseurs commissions pour faire faire lesdiz curemens, nectoyemens et réparacions, soubz umbre desquelles ilz ont exigié des subgiez de nostre royaume pluseurs grans sommes de deniers[1], nous par ces présentes toutes teles commissions données ou à donner soit par nous, aucuns de noz lieuxtenans, chancellier, séneschaulx, bailliz, prévostz ou autres juges[2] noz officiers, cassons, révoquons et adnullons et icelles déclairons avoir esté données par inadvertance et importunité, et deffendons à tous noz juges[3] et officiers chacun en sa juridicion qu'ilz ne seuffrent à teles commissions aucunement estre obéy, et aussi deffendons à nosdiz subgiez que aucunement n'y obéissent, mais à faire les choses dessusdictes commectons et ordonnons noz juges ordinaires et non autres, aux fraiz et despens modérez toutesvoyes de ceulx ausquelx despens lesdictes réparacions se feront, en deffendant très estroictement[4] à nosdiz juges, sur peine de privacion de leurs offices et d'amende arbitraire, que ilz ne prengnent que salaire modéré, et avec ce que ilz ne facent comme depuis aucun temps en ça a esté acoustumé de faire par eulx et autres commissaires, et par espécial en noz payz de Languedoc et duchié de Guienne, c'est assavoir ceulx qui

1. Le passage depuis « pluseurs aussi tant noz officiers », jusqu'à « pluseurs grans sommes de deniers », n'est pas dans A.
2. « Juges » n'est pas dans A.
3. O. « subjets ».
4. « Très estroictement » n'est pas dans A.

ont prins[1] et exigié des bonnes gens pluseurs voyaiges,
et grans salaires et presque chacun an[2] une foiz et aucunes
foiz plus pour aler visiter lesdictes repparacions à ère, et
néantmoins n'en ont faictes[3] aucunes, ne contraint ceulx
qui les devoient faire, mais s'en sont retournez sans aucune
chose faire, bien joyeux, afin de y retourner une autre foiz
pour ladicte cause, laquelle chose faire doresenavant nous
deffendons très estroictement à tous noz officiers et autres,
car se teles choses viennent plus doresenavant à nostre
congnoissance, nous en ferons telement pugnir les friseurs,
que ce sera exemple à tous autres, et si sera recouvré sur
eulx ou leurs héritiers tout ce que pour occasion de ce ilz en
auront receu.

249. *Comment le Roy veult que les ordonnances de ses*
prédécesseurs faictes sur le fait des eaues et foretz soient
entretenues, etc., mesmement celles faictes à Vernoin l'an mil
CCCIIIIxx et huit. — Item, nous voulons et ordonnons que
les ordonnances anciennes faictes par nous et noz prédécesseurs sur le fait et gouvernement des eaues, bois et forestz
de nostre royaume[4], ausquelles il n'est pas par les articles
cy dessus escrips derrogué ou autrement déclairié, soient et
demeurent en leur force et vertu, et par espécial celles
que nous feismes à Vernoin le premier jour de mars l'an
mil trois cens quatre vingts et huit derrainement passé[5],
lesquelles sont enregistrées en pluseurs lieux et assez
notoires par nostre royaume.

DES GENDARMES ET NESEAUX.

250. *Comment le Roy deffend sur peine de crime de lèze*
majesté que assemblée de gens de guerre ne soit faicte sans

---

1. O. « permis ».
2. O. « à ».
3. O. « fait faire ».
4. Voir les ordonnances des 3 avril 1319, 2 juin 1319, 17 mai 1320, 11 juillet 1333, 29 mai 1346 (41 art.), juillet 1376 (52 art.), septembre 1402 (76 art.)
(O. I, 683, 684, 707 ; II, 93, 244 ; VI, 226 ; VIII, 521).
5. O. VII, 771.

son congié et licence, et aussi que les gens de guerre ne
prennent aucuns vivres sans payer, sur peines, etc. — Item,
deffendons à tous noz subgiez, de quelque estat et auctorité
qu'ilz soient, sur peine d'esire pugniz comme de crime de
lèze majesté, qu'ilz ne facent assemblée de gens d'armes,
d'archers [1] ne arbalestriers en nostre royaume, sans avoir
expresse licence de nous; et se lesdictes gens d'armes,
archiers ou arbalestriers, prennent vivres ou autres choses
sans paier et font telz dommaiges à nostre peuple comme
ilz ont acoustumé, nous voulons qu'il soit resisté par
voye de fait comme l'en pourra, ainsi comme autres foiz
l'avons ordonné; et mandons aux séneschaulx, bailliz et
autres de nostre royaume à qui autresfoiz en avons envoyé
noz lectres, que icelles exécutent diligemment et toutesfoiz
que le cas escherra [2]; et oultre mandons et commectons à
tous les séneschaulx, bailliz et prévostz dessusdiz et à tous
noz autres justiciers que, se aucuns desdictes gens d'armes,
archiers ou arbalestriers font aucunement contre ceste [3] présente ordonnance, que chacun de nosdiz justiciers se informe
quelz biens, meubles, terres, possessions et héritaiges ceulx
qui trespasseront nostre ordonnance dessusdicte tiennent
ou tendront en nostre royaume, et chacun d'iceulx en sa
juridicion les mectent incontinent en nostre main réalment
et de fait, et par icelle les facent gouverner et exploicter
jusques à ce que punicion soit faicte de ceulx à qui seront
lesdiz biens meubles, terres, possessions et héritaiges dessusdiz, et aussi que satisfaction soit faicte des domaiges
qu'ilz auront faiz [4].

251. *Comment le Roy deffend aux gens de guerre que ilz*
ne pillent ne robent sur peine de la hart et ceulx qui feront le
contre ne soient prins par voye de fait et pugniz, en mandant

---

1. « D'archers » n'est pas dans A.
2. O. « le requerra ».
3. O. « nostre ».
4. 1396, 28 *mars, art.* 9 (O. *VIII*, 63). — Voir les lettres des 6 novembre 1403,
15 juillet, 19 et 30 août 1410, 28 février 1411, 9 mai 1413 (O. IX, 90, 515, 528,
531, 573; X, 140).

à tous bailliz, prévostz et officiers ces présentes mectre à exécucion, sur peine de privacion, etc. — Item, que puis aucun temps en ça noz subgiez sans moyen et ceulx des gens d'église en nostre royaume, et leurs biens et personnes qui par nous doivent estre gardez et deffenduz, ont esté par gens d'armes pilliez et robez par pluseurs et diverses foiz, et plus continuelement et asprement que les subgiez d'autres seigneurs noz subgiez, soubz umbre, comme dient lesdictes gens d'armes, qu'ilz ont esté mandez et non payez, et avec ce pluseurs gens d'armes estrangiers et de diverses nacions, comme arbalestriers Gennevois et autres, ont par longtemps pillié et robé le povre peuple, commis pluseurs crimes et délitz, comme murdres, efforcemens de femmes et autres, mesmement durant les triéves, et avecques eulx se sont assemblez et assemblent pluseurs larrons, robeurs, banniz, gens vacabondes et autres qui ont voulenté de mal faire, lesquelz gens d'armes se sont vantez qu'ilz ont eu lettres de nous et d'aucuns grans seigneurs de nostre royaume, pour vivre sur le pays, lesquelles choses ont esté faictes ou grant préjudice de nous, desdictes gens d'église et de noz povres subgiez; pourquoy nouz avons ordonné et ordonnons par ces présentes, et néantmoins deffendons sur peine de la hart, que nulles gens d'armes ne soient tenuz sur ie pays, se ilz ne sont mandez de par nous ou de nostre ordonnance, et se ilz n'ont capitaine congneu auquel ilz obéissent et qui les congnoisse et ait leurs noms et surnoms par escript; et voulons et ordonnons que en ce cas et non autrement ilz soient payez des deniers des aydes ordonnez pour la guerre; et se ilz pillent ou robent ou font aucuns autres délitz ou excez, et les capitaines ne les baillent et livrent à justice pour en faire raison, ou eulx-mesmes ne font raison et justice, que en ce cas te ·· le dommaige soit recouvré sur iceulx cappitaines; et néantmoins mandons et commandons à tous noz seneschaulx, bailliz, prévostz et autres juges et officiers, sur peine de encourir en nostre indignacion et privacion de leurs offices, que lesdiz robeurs, pilleurs ou délinquans [1] ilz

---

1. O. « délinqueurs ».

preignent et pugnissent selon l'exigence du cas, et, se
besoing est, qu'ilz appellent avec eulx en leur aide tant de
gens et en tel nombre que justice soit faicte et exécutée, et
néantmoins nous voulons et ordonnons que par lesdiz officiers et juges soit fait commandement à certaines et grosses
peines à tous noz subgiez que à iceulx officiers et juges ilz
baillent confort et aide, se mestier en ont et par eulx
requis en sont ; et se en faisant lesdictes prinses mort s'ensuit ès personnes desdiz pilleurs ou autre cas pour la rébel-
lion et désebéissances desdictes gens d'armes, nous ne voulons que ceulx qui ce auroient fait en soient aucunement
tenuz ou poursuiz, mais dès maintenant pour lors leur
re nectons et pardonnons le cas, sans en avoir aucunes
lettres de rémission ou grâce de nous autres que ces présentes[1].

252. *Comment le Roy ordonne que nul autre capitaine
que les principaulx par lui mandez ayent aucune somme de
deniers pour leurs estaz et si n'auront lesdiz principaulx que
l'estat ancien.* — Item, pour ce que nous avons entendu que
pluseurs capitaines de gens d'armes, quant ilz sont venuz à
noz mandemens et que envoiez les avons en autres lieux
pour le fait de noz guerres, ont prins de nous trop[2] plus
grans sommes de deniers pour leurs estaz, à cause de gens
d'armes qu'ilz se disoient avoir soubz[3] eulx et autrement que
ilz ne devoient, à nostre très grant charge et despence,
nous, voulans à ce pourveoir, tous les estaz de telz[4] capitaines voulons estre réduiz et ramenez, et iceulx réduisons
et ramenons en la forme et manière ancienne, et deffendons
le plus expressément que nous povons à tous noz capitaines
de gens d'armes, archiers et arbalestriers, que doresenavant
ne preignent, à tiltre de don ne autrement, plus grans
sommes de deniers à cause ne soubz umbre ou couleur[5] de

1. 1355, 28 décembre, art. 30, et 1357, 3 mars, art. 37 (O. III, 35, 139).
2. « Trop » n'est pas dans A.
3. A donne « sur ».
4. O. « desdiz ».
5. « Ou couleur » n'est pas dans A.

leurs estaz que anciennement estoit acoustumé estre faiz, à et sur peine d'en estre griefment pugniz, et de recouvrer sur eulx ou leurs hoirs tout ce que à celle cause en auroient prins et receu, et n'est pas nostre intencion que aucuns capitaines ayent ou preignent de nous aucuns estaz, sinon les principaulx capitaines par nous mandez et ordonnez.

253. *Comment le Roy deffend à tous ses capitaines que ilz ne commectent aucunes frauldes sur le fait du nombre de leurs gens de guerre sur peine de trayson et aux commissaires à recevoir les monstres que ilz ne reçoivent gens se ilz ne sont habiles et armez deuement.* — Item, et pour ce que moult de foiz est advenu ou temps passé, comme entendu avons, que iceulx capitaines de gens d'armes, archiers et arbalestriers, en faisant leurs monstres et reveues et autrement, ont fait et commis, font et commectent très souvent pluseurs frauldes, décepcions et mauvaistiez, mesmement que ilz ont esté et sont coustumiers de passer et faire passer en icelles monstres et reveues et autrement plus grant nombre de gens d'armes qu'ilz disoient estre soubz eulx qu'ilz n'avoient, car pluseurs de ceulx qu[e] iceulx capitaines avoient ainsi fait passer en monstres et reveues n'avoient harnois ne chevaulx qui feussent leurs, mais les avoient empruntez les ungs des autres, et n'estoient que personnes supposées et dont aucunes foiz s'estoit et est ensuy que quant nous, nostre connestable, noz mareschaulx ou autres chiefz de nos guerres estoient sur les champs, et qu'il estoit besoing de faire aucun bien à l'onneur et utilité de nous et de nostre royaume contre noz ennemis et adversaires, l'en ne trouvoit pas soubz lesdiz capitaines la moictié ou le tiers des gens d'armes, qui passez avoient esté soubz eulx ou leursdictes monstres ou reveues, dont pluseurs pertes, périls et dommaiges s'en sont ensuiz ou temps passé, ou préjudice de nous et de noz subgiez, nous avons deffendu et deffendons très expressément à tous lesdiz capitaines et à chacun d'eulx que doresenavant ne commectent ne seuffrent estre com-

mises teles faulses postes[1], frauldes ou mauvaistiez, sur
peine d'estre réputez et pugniz comme traîtres à nous et à
la chose publique, et de recouvrer sur eulx ou leurs hoirs
tous les prouffiz qu'ils auroient euz, prins et receuz par le
moyen desdictes faulses postes, frauldes ou mauvaistiez;
deffendons aussi très expressément à noz mareschaulx ou à
leurs lieuxtenans ou commis, que ilz ne reçoivent ou seuffrent estre receuz en monstres ou reveues quelzconques
gens d'armes ou de trait, se ilz ne sont souffisans et habilles
pour fait de guerre; et avec ce leur mandons et commandons, sur les sermens et loyaultez qu'ilz ont à nous, que ilz
pourvoyent si diligemment et par tele maniére que teles
frauldes et faulses postes, comme dessus est dit, ne soient
faictes ou commises, comment que ce soit, sur peine d'estre
réputez envers nous faulx et mauvais[2].

254. *Comment le Roy ordonne que par lui ne ceulx de son
sang ne soient données lectres à nul capitaine pour vivre sur
le pays, en deffendant ce ausdiz seigneurs, etc.* — Item,
nous avons esté advertiz que ou temps passé pluseurs capitaines et autres meneurs de gens d'armes, archiers ou arbalestriers ont très fort pressé nous et pluseurs autres seigneurs de nostre sang et lignaige, de avoir lettres de vivre
sur noz subgiez en pluseurs et diverses contrées de nostre
royaume, dont nostre pauvre peuple a esté moult foulé, pillié et dommaigié en biens, en chevances et en pluseurs autres
maniéres, nous voulans à ce pourveoir et relever nostre
peuple de telz maniéres d'oppressions, actendans et considérans qu'il ne loist à aucun de octroyer telz mandemens ou
lettres en nostre royaume, avons ordonné et ordonnons que
doresenavant nous n'octroyerons aucunes teles lettres, et
deffendons très expressément[3] à tous ceulx de nostredit
sang et lignaige et autres noz vassaulx et subgiez que

1. Ce sont les *passe-volants* du xviie siècle. — Voir Vuitry, *Études sur le
régime financier*, 2e série, I, 515-516, et A. Coville, *les Cabochiens*, 78.
2. 1355, 28 décembre, art. 21 et 22 (O. III, 31, 32).
3. « Très expressément » n'est pas dans A.

A. COVILLE. — *L'Ordonnance Cabochienne.* 12

aucuns ilz n'en octroient à aucuns, sur les seremens et loyaultez qu'ilz ont à nous, et sur peine d'estre réputez pour desobéissans à nous et à nostre magesté; et se par inadvertance, importunité ou autrement, nous ou eulx en octroyons aucunes, nous deffendons à nostre chancellier présent et advenir que aucunes il n'en séelle, à tous noz secrétaires et notaires que aucunes ilz n'en signent, et à tous noz officiers et subgiez, supposé que aucunes en feussent séellées, que à icelles ne obéissent sur les peines dessusdictes[1].

255. *Comment le Roy deffend toutes deffiances et voyes de fait estre faictes en son royaume, en mandant à ses officiers que par voye de fait telz defficurs soient emprisonnez et leurs plus prochains parens et amis jusques à ce qu'ilz ayent obéy à justice, etc.* — Item, nous commandons et très expressément enjoingnons en commeetant, se mestier est, à tous noz bailliz, séneschaulx, prévostz et autres juges et officiers, chacun en sa juridicion et povoir, que toutesfoiz que ilz sauront que aucuns feront guerre ou deffiance particulière l'un contre l'autre, ils les contraignent à cesser desdictes guerres et deffiances et à mectre jus toutes voyes de fait, et venir à obéissance de justice par emprisonnement de leurs personnes et détencion de leurs biens, et par mectre en leurs hostelz mengeurs et gasteurs, et les multipliant de jour en jour, et par descouvrir leurs maisons, et se ilz ne pevent estre prins et emprisonnez, qu'ilz soient appellez à ban, et de leurs plus prouchains parens et amis emprisonnez et détenuz, en multipliant tousjours lesdictes peines, jusques à ce que réalment et de fait la voye de fait[2] soit mise jus, nonobstant quelzconques privilèges, usaiges, coustumes ou observances de lieu ou de pays[3].

256. *Comment le Roy ordonne que tous caymans et cay-*

---

1. O. « que dessus ».
2. O. « et de fait ».
3. Parmi les défenses de guerres privées faites au xive siècle, voir l'ordonnance du 3 mars 1357, art. 34 (O. III, 138).

*mandes possibles de gaignier leurs vies soient contrains de
délaissier leurs caymanderies et de aler gaignier autrement
leurs vies, etc.* — Item, combien que le peuple et par espécial les laboureurs, pour les guerres, mortalitez et autres
accidens, soit en petit nombre au regart de ce qui chiet en
labour, toutesvoyes pluseurs caymans et caymandes[1], ayans
puissance de ouvrer ou de garder bestes ou autrement, pour
eschever la peine de labourer, pour[2] la gloutonnie d'eulx,
se sont tenuz et tiennent oyseux en nostre bonne[3] ville de
Paris et ès autres bonnes villes de nostre royaume, par qucy
pluseurs labouraiges demeurent sans cultiver, et pluseurs
vilaiges du plat pays demeurent mal habitez, pour quoy
nous par ces présentes ordonnons, mandons et enjoingnons
à nostre prévost de Paris et a tous autres séneschaulx, bailliz et juges des bonnes villes et à leurs lieuxtenans et à
chacun d'eulx en son povoir et juridiction et sur peine
d'amende arbitraire, ou cas que ilz ne le feront, que ilz
advisent et facent adviser les caymans et caymandes qui ne
sont pas impotens, mais ont puissance de labourer ou autrement gaigner leurs vies, et aussi gens vacabondes et oyseux,
comme houlliers[4] et autres semblables, et qu'ilz les facent
labourer ou gaigner leurs vies[5] par garder bestes ou autrement comme faire le pourront, et ne les seuffrent point
caymander, aler et venir par les églises de nostre dicte
ville de Paris et autres et empeschier le service divin et
aussi les bonnes gens en leur dévocion, et à ce les contraignent par prinse et détencion de leurs personnes en

---

1. *Cayman, caimant, quaymant*, mendiant, quémandeur, gueux. (Lacurne
Sainte-Palaye, *Glossaire*, et Godefroy, *Dictionnaire de l'ancien françois*, v°
Caimant.)

2. O. « par ».

3. « Bonne » n'est pas dans A.

4. « *Houllier* est un homme de mauvaise vie, et une *houllière* une femme
débauchée. Anciennement on nommoit en France le charbon de terre houille,
et ceux qui travailloient à le tirer houilliers; et comme ces charbonniers
étaient des vagabonds et des brigands, on a donné leur nom aux débauchés
et aux personnes de mauvais commerce ». O. X, 139.

5. Ce passage depuis « et aussi gens vacabondes », jusqu'à « gaigner leurs
vies », manque dans A.

prison au pain et à l'eaue et par toutes[1] autres peines corporeles ou civiles et autres teles comme il leur semblera devoir estre fait pour le bien et bon gouvernement de la chose publique de nostre royaume.

257. Comment le Roy deffend aux malades de lèpre que ilz ne voissent plus dedens les bonnes villes quester, sur peine d'emprisonnement au pain et à l'eau. — Item, pour ce qu'il est venu à nostre congnoissance que en nostre bonne ville de Paris et en aucunes[2] bonnes villes de nostre royaume tant ès nostres propres[3] comme en celles de noz subgiez, pluseurs hommes et femmes meseaulx[4] et inffectez de maladie de lèpre de jour en jour sont toujours[5] alans et venans par lesdictes villes, quérans leurs vies et aumosnes, buvans et mengans par les rues, carrefours et autres lieux publiques où il passe plus de gens, en tele manière que ilz empeschent et destourbent bien souvent à passer les gens ou aler en leurs besoingnes, et fault que ilz passent parmy ou emprès eulx et sentent leurs alaines, qui est grant péril et puet tourner ou grant dommaige de noz subgiez, nous deffendons expressément par ces présentes à toutes les personnes entachées de la maladie dessus touchée qu'ilz ne soient si osez d'entrer, aler, venir, converser, demourer ne habiter dedens les quatre portes de nostre ville de Paris ne des autres bonnes villes de nostre royaume, pour quester ou autrement, sur peine d'estre prins et emprisonnez ung moys au pain et à l'eaue par les exécuteurs des haultes justices d'icelles noz bonnes villes et leurs varlez et depputez, lesquelz nous commectons à ce, et sur peine d'estre autrement pugniz et d'amende arbitraire ; et deffendons à tous noz justiciers et officiers et mesmement ausdiz exécuteurs

---

1. « Toutes » n'est pas dans A.
2. A donne « que en aucunes bonnes villes de nostre royaume... » ; — O. « que en nostre bonne ville de Paris et ès autres villes de nostre royaume ».
3. « Propres » n'est pas dans A.
4. *Mésel*, *méseau*, lépreux.
5. « Toujours » n'est pas dans A.

desdictes haultes justices, sur peine de privacion de leurs
offices et d'estre autrement griefment pugniz, qu'ilz ne
preignent aucuns dons ou prouffiz desdictes personnes pour
icelles laissier entrer, venir et demourer en nosdictes
bonnes villes [1].

258. *Comment le Roy ordonne que tout ce qui par ses
conseilliers du Grant conseil sera ordonné en ce qui reste
encores à mectre et emplir ces ordonnances sera fait et délibéré, soit mis et joinct en cesdictes présentes et vaille et
tiengne selon sa forme et teneur.* — Item, combien que par
nosdiz conseilliers et commissaires [2] ordonnez à pourveoir
au bien publique de nostredit royaume ayent esté advisez et
mis en délibéracion au bien de nous et de nostredit
royaume pluseurs autres poins, ordonnance et articles non
exprimez en ces présentes, néantmoins ilz n'ont encores
conclud en et [3] sur iceulx, obstans certaines grans charges
et occupacions qui leur sont survenues pour noz affaires et
besoingnes, si comme entendu avons, nous avons ordonné
et ordonnons que tout ce que nosdiz conseillers auront
advisé, adviseront, délibéreront et conclurront au bien de
nous, de nostredit royaume et de la chose publique oultre
et pardessus les articles cy dessus posez, soient joinctz à
ces présentes ordonnances, vaille, tiengne et sortisse son
plain effect en tous ses poins [4] selon la forme et teneur [5].

EXPLICIT [6].

---

1. 1372, 1er février (O. V, 451). — Voir à ce sujet les ordonnances du prévôt
de Paris du 27 juillet 1394 et du 31 mars 1403. De la Mare, *Traité de la police,*
I, 604-605.

2. « Commissaires » n'est pas dans A.

3. O « en rien ».

4. Voir une allusion à cet article dans le procès-verbal de la séance de
révocation (5 septembre 1413), extrait du *Journal* de Nicolas de Baye, Appendice III.

5. A la suite du dernier article, on lit dans O. : « *Ordinationes Regine publi-
catae in lecto Justitiae Parisius, anno Domini millesimo CCCC XIII.* »

6. Au dessous de l'*explicit* se trouvent dans A deux signatures : *Desgardens,
— Ryala.*

APPENDICE

I

EXTRAITS DU JOURNAL DE NICOLAS DE BAYE SUR LA PUBLICATION
DE L'ORDONNANCE EN LIT DE JUSTICE AU PARLEMENT

(Ed. Tuetey, II, p. 114-116).

VENREDI XXVI° JOUR DE MAY

Cedit jour, le Roy nostre Sire en sa personne, presens messeigneurs le Dauphin, les ducs de Berry et de Bourgogne, le comte de Charroloiz, le conte de Saint-Pol, connestable de France, les arcevesques de Bourges, l'evesque de Tournay, l'evesque d'Agde et pluseurs chevaliers, l'Université de Paris, les Prevost des marchans et eschevins et pluseurs bourgoiz de Paris, a tenu son lit de justice ceans, et ont esté leues parties de certeinnes ordonnances faictes et advisées par certains commissaires deputez de par le Roy sur la reformation du bien et prouffit du Roy et des seigneurs, du bien publique de tout le royaume. Et pour ce que le Roy est tart venu, s'est levée la Court environ une heure après midi.

SAMEDI XXVII° JOUR DE MAY

Tant à matin que après disner, tint le Roy nostre Sire, presens les nommez ou jour precedent, son lit de justice, et furent leues et parleues les ordonnances dont dessus est faicte mention. Et ce fait, requist l'Université par un des

maistres que ledit seigneur les approuvast et confermast, et
que les seigneurs presens les jurassent à garder, et fussent
de ce multipliquées lettres contenens icelles pour les
envoier et mettre en divers lieux, et que le Roy octroyast
audience à mardi prouchain à l'Université pour oïr ce que
voudroit dire et proposer conséquament à ce que dit est, ce
que octroya le Roy, et jurerent les seigneurs et autres assis-
tens lesdictes ordonnances, en crierent, *in signum leticie* : Noe !

II

COMPTE RENDU DE LA LECTURE EN LIT DE JUSTICE DE L'ORDONNANCE CABOCHIENNE

(Archives du Nord, B, 1414. — A. Coville, les *Cabochiens et l'Ordonnance de 1413*, 435).

26-27 MAI 1413

L'an IIII^c et XIII, le XXV[I]^e jour du mois de may, furent
leuez en la présence du Roy Nostre Seigneur, tenant le lit
de justice en Palais à Paris, nos seigneurs les ducs de
Guienne, Berry, Bourgogne, monseigneur de Charolois et
autres de son sang, pluiseurs ordonnances, et contenoient
entre autres choses la diminucion d'office, de gaiges des cappitaines, révocacions de dons, de assignations faictes sur le
domaine : Premièrement que dores en avant ne avera plus
généraulx trésoriers, clercs du trésor, receveurs particuliers
de quelconque proffis et émolumens appartenans audit
demaine, mais y avera seulement deux commis ayans le
gouvernement tant du demaine comme des aydes, qui
n'averont tant seulement que mil livres tournois pour tous
gaiges et bien..... et tous greffiers et clers d'iceulx et de
leurs auditoires quassés, et n'y avera que certain nombre
de notaires qui ad ce seront ordonnés et un receveur général et un contreroleur pour toute la recette dudit demaine;
les gaiges des chevaliers, de M. le Chancelier, de M. le Président, pensions tant viagiez comme autres, capitaineries et

autres telles manières de choses dont il n'estoit besoing, du tout quassées, et on les a laissié réduittez à très petits gaiges, et autres très grans ordonnances sur ce faictes, qui moult longez seroient à escripre. Et en oultre toutes aliénacions du demaine faictes à autres que aux enffans du Roy masles par apesnage révoquées et mises au néant et de tout nulles celles qui dores en avant en seront faictes, avecques ce tous ceulx qui impetreront offices ou dons contre l'ordonnance de tout inhabilliés et à iceulz obtenir et autres ou temps advenir; interdit à notaires, chanchelier, commis dessusdis, receveur, contrerolleurs, Chambre des comptes, de siguler, vérifier, le paier, le alouer ès comptes, sur paine de privacion d'office et de recouvreur sur eulx et sur leurs hoirs. *Item* et oultre ont esté publiés les ordonnances sur le fait des monnoies par lesquelles est ordonné qu'il y avera tant seulement quatre maistres des monnoies aux gaiges anchiennement ordonnez, que dores en avant on ne forgera plus des blans darrainement forgiéz et dès lors fu deffendu, mais lesdis blans·viez et nouviaux de X. d. t. et de V. d. t. forgiés par avant averont 'ousjours leurs cours, et sy est ordonné une autre nouvelle monnoie qui sera d'argent de XX d. t. la pièche les grans et de X. d. t. les petis. Et en oultre, adffin que le peuple ne soit fraudé, que on ne pourra marchander ne faire contract entre parties de paier l'une des monnoies et que le debteur ne soit quittez pour paier laquelle des dictes monnoies que il voldra des deux, ou lesdis blans ou la monnoie forgié. Et parmi ce toute monnoie de quelconques pais que ils soient, soyent du roiaume ou de alleurs, seront interdites et deffendues à prendre en ce royaulme sur les paines ad ce anchiennement introduites.

Item le XXVIIe jour dudit mois de may ensuivant, tant devant disner comme après, le Roy Nostredit Seigneur a tenu ledit lit de justice pour parler desdictes ordonnances et commencha on à cappitre du fait des aydes sur lequel fait entre autrez choses a esté ordonné un receveur général et un contreroleur comme un en y a sur le fait du demaine, qui tout recepvra et en rendra compte en la Chambre des comptes

de deux mois en deux mois et metera en un coffre ad ce
ordonné tousjours justement la moitié de ce qu'il en recepvra pour convertir ou fait de la geuerre et non ailleurs, se
geuerre est, et si nom ce sera trésor pour le Roy adfin que
les gens d'armes ne ayent occasion de piller le peuple
comme ilz ont fait; ne seront paiez les gens d'armes en
draps ou en autres denrées que en argent comptant, et
seront aussi paiés par chambres, sans en rien paier aux capitaines que leurs drois gaiges. Et le sourplus des dis aydes
et aussi des deniers du demaine, les charges paiés, tous
drois assinacions cessans, seront convertis au prouffit du Roy
et de son royaume et de la réparacion de ses villes, castiaux
et forteresses. Et pour le fait de justice gouverner avera un
président à Vᶜ livres de gaiges, III conseilliers à C l. de
gaiges, un greffier notaire du Roy sans gaiges; leurs clergies
seront mises à ferme, et y procédera on somèrement et de
plain sans long procès; tous nouviaulx greniers de sel et
grenetiers desdis dons et tous ceulx qui par avant en ont
eu, seront réformez par les réformateurs lors ad ce ordonnés, chascun selon son estat, et quand est desdis dons, nul
pour quelconque cause ne avera dons du Roy ne sur
demaines ne sur les aydes jusqu'à trois ans; les gaiges de
celui qui recevra les Vᵐ que la ville de Tournay doit au Roy
nostre seigneur sont réduis à C l. t.; les deniers, explois et
amendes de ladicte réformacion et aussi des commis à
réfourmer le gouvernement du royaume et pugnier ceulx
qui maisement les ont gouverné, convertiez au prouffit du
Roy et non ailleurs et n'en aront rien ceulx de son sang ne
autres; le douaire assigné à la Royne et les quatre comtés
pour cause de ce à luy bailliez, rostées du tout et remises en
la main du Roy; les superintendans de l'ostel du Roy rostés,
la Chambre de comptes de M. de Guienne et tous les officiers d'icelles révoquez et mis au néant; il n'y avera que un
seul trésorier des guerres; le garde des coffres et d'espargne
du Roy rostés; en la Chambre des comptes avera seullement
deux présidens dont le grand boutillier de France sera l'un,
huit maistres ou seigneurs et XII clers; en la Chambre des
enquestes avera dores en avant tousiours un président lay;

en la chambre de Parlement, ne pourra avoir d'un linage
plus hault que II ou III et qu'ils ne soient sy près que en
tiers, selon la computacion de droit canon; en la Chambre
des comptes ne aux requestes de l'Ostel ne aux requestes
du Palais n'en porra avoir aucuns qui soient parens ne affin;
de la chambre de Parlement seront rostés les jones et non
souffisans et y seront mis gens notables et de tout le pais de
ce royaume et sachent les coustumes des lieux, et y porront
estre eslevés chevaliers et nobles, mais qu'ils soient souffisans et saiges; tous ceulx de ladicte cour qui avoient gages
et retenue à vie, leurs gages et retenue sont cessés et ad
nullés se il n'ont servy le roy XX ans ou plus; tous ceulx
qui obtiennent bailliages, prévostés et seneschauciéz ès
lieux dont ils sont ou qui y sont leurs lieutenans sont rap-
pellés, rostés et mis au néant, et n'y avera bailli, lieutenant
qui soit natif de bailliage, mais seront lesdiz offices et tout
autrez gouvernez par gens notables, sages et preudommes
qui y seront eslevés par le chancelier, la court de Parlement,
commis sur le gouvernement du royaume, lesquelz commis
seul et pour le tout sont chargiés de roster de ladicte
court de Parlement, de la Chambre des comptes et des
maistres des requestes les non souffisans; il n'y avera que
VIII maistres des requestes qui se feront par eleccion, ne
que VIII secrétaires pour le fait du conseil dont les IIII serviront un mois et les autres IIII un autre et ne feront ne ne
porront faire requestes quelzconques, mais se feront toutes
requestes en conseil, quant le Roy et son conseil sera assis
et..... présens et entendans tous ceulx qui y seront, et ne
pourront ainsi signer ne fere lettres qu'ellez ne soient signdes
par ceulx qui y sont ordonnés à faire lesdictes requestes,
c'est assavoir celles de justice ne de garde par les maistres
des requestes, celles qui tiennent à la conscience du Roy par
le confesseur et aumosnier, celles qui toucent l'ostel et despence du Roy par les maistres d'ostel et chambellans, et n'y
seront mis aucuns présens s'ilz n'en ont dit leurs oppinions;
au Grant conseil du Roy ne avera que XV personnes qui y
seront mises par eleccion; en la canchellerie ne avera que
L notaires lesquels seront examinez se ils sont souffisans à

l'office tant en lattin comme en franchois ; le sourplus et ceulx qui telz ne seront trouvez, seront mis hors ; la vendicion et transport d'icelles notairies, secrétaires, huissiers de Parlement, serganteries, notairies, et examinatories de Chastelet et d'autrez offices interdittez et deffendues ; les seaulx des prévosts et baillis seront appliquées au demaine ; les salairez des escriptures des bailliages et prévostez, seront modérez ; les présidens de Parlement ne averont nullez commissions au moins que un l'an tant seullement et en vacquasions et à XL. lieues près de Paris et non point oultre ; les gaiges des chanceliers seront modérez à IIII^m livres pour toutes choses sans rien prendre sur le émolument du scel et sans quelsconques dons ; les baillis ne se nommeront plus conseilliers du Roy tant qu'ils soient baillis et ne averont que XL s. de gaigez ne pour le Roy, ne pour partie, quand ils chevaucheront hors de leurs bailliages, et XX s. dedens ; rémissions ne se donront plus que par le Grant conseil et par la délibéracion de la plus grant partie, le cas exposé tout au long ; il y aura un registre ou livre pour le Grant conseil qui pour lesdictes rémissions et pour toutes requestes et autres choses qui y seront et expédiront servira, et en tout sera registré et ceulx qui averont esté présens et leurs oppinions et se expédira rien autrement, et en avera le chancelier la garde ; le Roy tenra et fera tenir ses requestes toutes les sepmaines, le vendredi ; tous sergans seront réduis au nombre anchien, et se plus y en a eu du nombre a aucuns non souffisans, seront restés et autres mis en leurs lieux.

III

EXTRAIT DU JOURNAL DE NICOLAS DE BAYE SUR LA RÉVOCATION DE L'ORDONNANCE EN LIT DE JUSTICE AU PARLEMENT

(Ed. Tuetey, t. II, p. 140-142).

MARDI Ve JOUR DE SEPTEMBRE

Cedit jour, le Roy nostre Sire, presens messeigneurs de son sanc, c'est assavoir le roy de Sicile, les ducs de Guienne,

ainsné fils du Roy, de Berry son oncle, d'Orleans son nepveu
et nagueres mary de la feu royne d'Angleterre, fille du Roy,
de Bourbon, les contes d'Alençon, de Vertus, d'Eu, le duc
de Bar, les contes de Vendosme, de Marle, de Tancarville
et pluseurs autres barons, chevaliers, escuiers et autres seigneurs, les arcevesques de Sens, de Bourges, evesque de
Noion, les conseillers du Roy, tant de son Grant Conseil
comme de Parlement, le recteur et pluseurs maistres de
l'Université, le Prevost des Marchans et les eschevins, et
pluseurs bourgoiz de Paris et grant foison e puepple, tint
son lit de justice en sa Chambre de Parlement, et par la
bouche du Chancellier, cassa, révoca, adnulla, abolit et mist
du tout au neant certeinnes lettres appellées edits, signées
par maistre Guillaume Barraut, lors secretaire du Roy, qui
s'estoit absenté, par lesquelles le Roy avoit ordonné par les
dictes lettres qui avoient esté surrepticement et obreptisse-
ment empetrées et non deument en Conseil et le Roy inad-
verti, que tous offices, maladeries, administrations ou capi-
tennies qui avoient esté données durans les broillis qui puis
III ans ont esté en ce royaume, que paravant tenoient ceulx
qui estoient avecques le duc d'Orleans, ou qui lui avoient
esté favorables, confortans ou aydans, ou s'estoient absentez,
et aucuns leurs demourassent, non obstant oppositions et
appellations. Et aussi cassa, adnulla, abolit, revoca et du
tout mist au neant, et comme nulles declara certeinnes
escriptures qui par maniere d'ordonnances avoient nagueres
esté faictes par aucuns commissaires, tant chevaliers que
escuiers, confessor et aumosnier du roy et II des conseillers
de ceans, au pourchas d'aucuns de l'Université et de la ville
de Paris, et lesquelles par grant impression, tant de gens
d'armes de cette ville que autrement, avoient esté publiées
en may derrien et leues en ladicte Chambre, le Roy aussi
tenant son lit de justice, et pour ce que par ledit Chancellier fu proposé que sans auctorité deue et forme non gardée,
sans les adviser et lire au Roy, ne en son Conseil, ne estre
advisé par la Court de Parlement, mais soudainement et
hativement avoient esté publiées et par avant tenues closes
et scellées, et que ancor y avoit une clause à la fin par

laquelle les commissaires dessusdiz se reservoient d'y povoir
adjouster à leur adviz, et si y estoit blessée et diminuée
l'auctorité du Roy et limitée, et le gouvernement de son
hostel, de la Royne et dudit duc de Guienne, me furent
baillées tant lesdictes lettres que ordonnances pour les des-
sirer en la presence du Roy, et les dessiray.....

ADDITIONS ET CORRECTIONS

N. B. — L'impression du texte était déjà achevée quand M. H. Moranvillé a publié, dans la *Bibliothèque de l'École des Chartes* (année 1890, 5ᵉ fascicule, p. 432), une copie des « Remontrances de l'Université et de la ville de Paris à Charles VI », du 13 février 1413, que nous avons cités à plusieurs reprises d'après Monstrelet (*Chronique*, II, 307). Cette copie, assez défectueuse, mais intéressante pour la critique des sources du chroniqueur, offre surtout des variantes de rédaction, quelques chiffres différents, quelques développements plus amples (art. XXXV, XXXIX, XLVI, LXIII), et seulement trois articles de peu d'importance laissés de côté par Monstrelet. La rédaction nouvelle, certainement plus authentique, que M. H. M. aurait pu comparer d'une manière critique avec les textes déjà connus, ne modifie en somme que quelques détails secondaires. On pourra s'y reporter pour tous les articles où nous avons signalé le texte de Monstrelet.

P. III, ligne 4, lisez : *Moutiers-Saint-Jean.*
P. VI, ligne 6, lisez : *publique.*
P. XI, dernière ligne, lisez : *182 bis.*
P. 25, note 1, lisez : *1413* au lieu de 1403.
P. 27, note 2, lisez : *1411* au lieu de 1415.
P. 38, note 2, supprimez : N.
P. 43, note 5, lisez : *tiercement.*
P. 59, note 1, p. 63, n. 3, p. 128, n. 1, lisez : *Charles.*
P. 61, note 3, lisez : *par* nous.
P. 63, note 7, lisez : *très-cher.*
P. 109, note 2, lisez : C. XVII.
P. 132, note 1, lisez : *prises* au lieu de prix.

TABLE ALPHABÉTIQUE DES MATIÈRES

N. B. — Les chiffres de la table correspondent aux numéros des articles.

A

F

G

H

I

J

K

L

P

Q

R

S

T

U

V

TABLE

MACON, PROTAT FRÈRES, IMPRIMEURS

www.ingramcontent.com/pod-product-compliance
Lightning Source LLC
Chambersburg PA
CBHW071936090426
42740CB00011B/1720